JN015435

外資系金融の「分析力」と「瞬発力」が身につく19の方法

TIMEPERFORMANCE

COSTPERFORMANCE

タイパ
時間最短化
効果最大化
コスパ

がいっきに高まる

決算書
の読み方

マサチューセッツ州立
大学MBA講師
齋藤浩史

東洋経済新報社

本書を手に取ってくださり、ありがとうございます。突然ですが、

"決算書はしっかり読まなくても良い"

と言われたらどう感じますか？

「何をそんなバカなことを」

と思われるかもしれません。しかし、この一見変わった考え方が、**決算書を理解する際に、とても大切**なのです。

「決算書は、隅々まで読んではいけない」

申し遅れました。私は齋藤浩史と申します。ゴールドマン・サックス証券をはじめ、いくつかの外資系金融でトレーダーや投資銀行業務を経験してきました。現在は、米国の大学院で、世界中のビジネスパーソンにマネジメントを教えています。

「外資系金融で働いていた」というと、決算書を会計士ばりに隅々まで読み込んできたと思われがちなのですが、じつは違います。

外資系金融では、職種にもよりますが、決算書を隅から隅まで読むことはまずありません。というのも、**「決算書をすべて読んではいけない」**と叩き込まれるのです。決算書に書かれていることは、一から十まで大切かというとそうではありません。非常に重要な情報が記されている部

分もあれば、読み飛ばしても問題ない部分もあります。そうであれば**「不要な情報は捨てて、なるべく最短距離で企業の経営状況を決算書から読み取る」**ことが勝負になってくるのです。

　私はゴールドマン・サックスでキャリアをスタートさせましたが、そこに至るまでの道のりは決して華々しいものではありませんでした。俳優を志し20歳で単身渡米するも、待っていたのは鳴かず飛ばずの日々。生活のため、知り合いのつてを頼ってニューヨークのヘッジファンドでアルバイトをしていました。そんな波乱万丈の経歴を持つ私をおもしろがり拾ってくれたのが、ゴールドマン・サックスだったのです。

　ほぼ経験ゼロで天下のゴールドマン・サックスに入社した私に最初に立ちふさがった大きな壁が、決算書でした。先輩・同期は、いわば金融の超エリートたち。みな、スマートに決算書を読み解き、クライアントと話をしています。一方私は、慣れない決算書を読み続ける仕事がとても苦痛で、時間だけが無駄に過ぎていき、一向に成果を出すことができませんでした。「なぜ自分にはできないのか？」「才能がないのかも」と落ち込む毎日だったことを覚えています。

　そして冴えない数か月が経ったある日、スクリーンに映された決算書をボンヤリと眺めながら「なんのために決算書を見ているのだろう……」と考えていたときに、自分が犯していた間違いに気づきました。

　クライアントは決算書に書かれていることを知りたいわけではありません。決算書から何を読み取ることができるのか、ビジネスの特徴、企業の優位性は何かなど、いわば決算書の背景にある**「企業ストーリー」**を知りたがっているのです。それを伝えるためには、決算書をすべて読み通す必要はありません。むしろ、その真逆、**決算書のエッセンスさ**

え、つかんでしまえば良いのです。

それまでは「決算書はしっかり読まなくてはいけない」と思い込んでいました。しかし**それはまったくの勘違い**だと気が付いたのです。

それ以来、気持ちが楽になり、**決算書を読むことへの抵抗が一切なくなりました**。決算書を読めるようになるためには会計士なみの知識が必要、と思い込んでしまったことが、決算書をおもしろくない「文字と数字の羅列」にしてしまったのかもしれません。

外資系金融でも使われる「決算書の神髄」

本書では、私が外資系金融で学んだ、「**企業の国籍を問わない、どんな現場でも使える決算書の読み方**」をあなたにお伝えします。自身の経験を踏まえて「**不要な決算書学習**」を一切取り除き、「**必要なポイント**」だけを抽出しています。

「決算書の読み方」は、いつの時代でも身につけたい能力であることは間違いありません。決算書が読めるようになると、

「就職を希望する企業の研究・調査をしておきたい」（就職活動）
「証券投資をしたいから、企業の経営状況を知りたい」（個人投資・運用）
「競合他社のビジネスと比較したい」（ビジネス）

といった、さまざまなニーズを満たすことができます。

ところが、**決算書がこれだけ有用なこととわかっても、途中で学習を**

3

断念してしまう人が後を絶ちません。その理由として、かつての私のように、**完璧を求め決算書を隅々までしっかり読もうとしてしまう**ことが挙げられます。

そこで、「**決算書を一生懸命に隅々まで勉強しない！**」という強い意志を持って、本書を読んでいただきたいのです。

「そんなことでちゃんと決算書を読めるようになるのかな……」とご心配のあなた。大丈夫です。先ほども述べたように、**決算書のエッセンスさえわかってしまえば、「外資系金融マン」なみに「決算書を読みこなす」**ことができます。

そして、**決算書のエッセンスは、決算書に記載された数値から、簡単な四則演算で求めることのできる「指標」に集約**されています。本書では、外資系金融でも頻繁に使われている19個の指標をご紹介します。これさえ見れば、決算書を隅々まで読むことなく、企業の

- 収益性（Chapter 2）
- 安全性（Chapter 3）
- 成長性（Chapter 4）

を知ることができます。

海外企業の決算書を読み解いて、グローバル時代に「勝てる」ビジネスパーソンに

さらに本書では、一見難しい決算書をできるだけわかりやすくするため、**決算書情報を図やグラフに変換し、解説**しています。視覚情報とし

て決算書の数字を見ることで、決算書の本質的なポイントにはるかに到達しやすくなり、理解も早まります。

　図解した決算書情報は、それ単体で分析するのではなく、**時系列で検討を加えてみたり複数の企業と比較**したりすることで、「企業ストーリー」がつかみやすくなるよう工夫をしています。

　加えて、本書で取り上げる企業の多くは、私が外資系金融にいたころ、日頃決算書分析をしていた海外企業です。**海外企業60社以上の決算書情報を取り上げて、それぞれを図解**しています。

　決算書をテーマにした書籍の多くは、日本企業のみを分析対象としているケースが多いのですが、このグローバル化した世界で我々が使っている製品は海外企業のものも多く、それら**海外企業の決算書を読めるようになることは次世代のビジネスパーソンとして備えておくべき能力**でしょう。

　ただし、海外企業の決算書を読むためには英語が大きなハードルになると思うかもしれません。そこで本書ではすべて日本語に変換して表記をしています。また、海外と国内では決算書表示や開示形式が多少異なりますが、気にせずとも問題のない細かい部分は簡略化して、わかりやすさに重点を置いた形にしています。

　米国大学院で教壇に立つ現在、決算書を読むことの大切さと楽しさを伝えたいと日々発信し続けています。**会計のプロでなくても、決算書を読めます。時間をかけなくても、決算書の要点をつかめます。決算書には、小説のようなおもしろい世界が広がっている**のです。本書を通じて、そんな体験をしてもらえれば嬉しいです。

　執筆のうえで、東洋経済新報社の近藤彩斗氏には出版に際し、色々と
サポートをしていただき大変感謝しております。そして、宮内典祐氏、
尾崎文亮氏、飯田哲平氏、嶋多涼子氏、斎藤潤子氏、藤本英朗氏、猪瀬
佑介氏、佐藤丈広氏の UMass MBA の生徒たちからは、さまざまな業界
（医療・製薬関連業、鉄鋼業、化学工業、銀行業、人材業、コンサル業、
経営者、IT業）に従事した経験から色々な視点やアイデアをいただく
ことができました。皆さんのご協力に感謝いたします。本当にありがと
うございました。

　本書がグローバル人材を育成するための助けとなる書籍になれば幸い
です。

2023年8月

目次

Chapter 1　外資系金融で最初に学ぶ決算書の超基本

Section 1　貸借対照表(BS)の読み方　　23

Chapter
2
収益性 **企業が「どれだけ儲けて
いるか」がわかる7つの指標**

Section
1
営業利益率 —— 「本業」の利益を稼ぐ力 77

Section
2
当期純利益率 —— 「企業全体」の利益を稼ぐ力 82

13

Section 4 DEレシオ
——「無理のない借入ができているか」を測る

Section 5 インタレストカバレッジレシオ（ICR）
——借金を返済できるだけの「稼ぐ力」があるか

Chapter 4　成長性 企業が「どれだけ成長力を秘めているか」がわかる6つの指標

（注）本書の図表は、各企業の10K、10Q、およびMorningstarをもとに著者が作成しています

Chapter

1

外資系金融で
最初に学ぶ
決算書の超基本

決算書は企業の「共通言語」

　決算書という名称が一般的に使われていますが、じつは正式名称ではありません。金融商品取引法では、**財務諸表**と呼ばれます。しかし、本書では親しみやすさを優先して、決算書と呼ぶことにします。

　そもそも決算書はなんのための書類なのでしょうか。決算書には、大きく分けると次の2つの役割があります。

1 法律に定められた企業が負う義務としての役割
2 ステークホルダー（利害関係者）に企業情報を伝達する役割

　まず、決算書は法律に定められた義務により作成され、1の役割を果たします。そしてその中の情報をもとにして、さまざまなステークホルダーに情報を提供するという2の役割を担っていくのです。2の具体例を挙げると以下のとおりです。

- その企業の従業員や就職を考える人が、企業の「安全性」を知るために決算書を確認する
- 株式投資をする人が、投資先の「収益性」や「成長性」を知るために対象企業の決算書を分析する
- 新しい取引先が、与信審査の過程で決算書を使って企業の「健全性」を確認する
- 経営者が、自身の経営が問題ないか確認するために絶えず決算書の数値を追う

　このようにさまざまなステークホルダーが、それぞれの目的を持って企業の決算書情報に注目します。そして、ここで重要なことは、**すべて**

のステークホルダーは決算書に記載される「数値」で経営状況を知るということでしょう。

　そのため、**決算書はすべて統一した基準が必要**になります。この世の中にはたくさんの企業が存在するわけで、それぞれが勝手な書式や方法で決算書を作成してしまうと混乱を引き起こしかねません。統一した基準・ルールで記載されているからこそ、知らない企業の決算書であっても企業の経営状況について容易に調べることができるわけです。

　常日頃、私は決算書を「**言語**」と捉えています。決算書は世界共通の言語であり、決算書内の表示項目は単語、そして決算書の読み方は文法なのです。読み方（文法）の基礎を知れば、基本会話ができる。**決算書の読み方さえ理解していれば、日本に限らず海外の決算書でも読み解くことができ、知りたい企業の経営状況を把握することが可能**なのです。

決算書の種類

　ひとくちに決算書といっても何種類もあるのですが、企業の経営状況を読み解くために絶対に必要な決算書は以下の3種類になります。

1. 貸借対照表（Balance Sheets ―BS―）
2. 損益計算書（Income Statements ―PL―）
3. キャッシュフロー計算書（Cashflow Statements ―CFS―）

　他にも、包括利益計算書（Statements of Comprehensive Income）、株主資本等変動計算書（Statements of Stakeholder's Equity）、付属明細書などがありますが、**決算書の基本的な読み解き方をマスターするという**

意味では、この3つの決算書を学べば十分に事足ります。そして、本書で分析する海外企業の分析でも、3つの決算書を学ぶことが大切になってきます。

3つの決算書の役割を簡単に説明していきましょう。

BSとは、会計期間の最終日である決算日時点での企業の「財務状態」を記載しています。詳細は後述しますが、企業がどのくらいの**資産**を保有し、その一方で、どれほどの**負債**を抱えているのかを明確にしたうえで、資産と負債の差である**自己資本**がどの程度あるのかを知ることができる書類です。

PLとは、会計期間でどれだけの利益や損失を出したかを記載している書類です。

CFSとは、会計期間にどれだけの現金が動いたのかを記載している書類です。企業経営の性質上、利益が計上されるタイミングと、現金が入ってくるタイミングは必ずしも一緒にはなりません。つまり、利益はあがっているのに手元に現金がないこともあるのです。最悪の場合、現金がないため企業が倒産してしまうケースもあるため、**企業の現金動向を明らかにするためにCFSが存在します。**

3つの決算書のそれぞれの役割について紹介しましたが、じつは**それぞれ密接に関連しています。**そして、**複数の決算書を組み合わせて指標をつくることで、今後の企業の経営状況や方向性を知ることができるのです。**

貸借対照表（BS）の読み方

BSは企業の年に一度の「健康診断」

BSは、1年に一度の健康診断と考えるとわかりやすいです。毎年健康診断を受けると、健康診断書を受け取ります。そして、その健康診断書には、昨年や一昨年の結果も掲載されています。年度比較によって自身の健康状態の変化を見て取れるでしょう。また健康の基準値があれば、血液の状態、肝機能などの良し悪し、メタボ体質かなどを確認することができます。

この健康診断書が企業のBSにあたります。**ある時点における企業の財政状態を知ることができる**わけです。ただ、個人とは異なり、企業の場合は健康診断の実施日をあらかじめ決めておかなければいけません。実施日のことを**決算日**と呼びます。日本企業の場合は3月末、米国企業の場合は、12月末を決算日とする企業が多い傾向があります。ただし、国や業種によって決算日が異なるため注意が必要です。例えば、アップルは9月末、アマゾンは12月末、ウォルマートは1月末、マイクロソフトは6月末が決算日となっています。

BSは5つのパーツに分けて考える

前述のとおり、BSは企業の「体」が健康か判断するための資料です。「体」とは、企業の**「保有するモノ」**にあたります。では、BSに記載される企業の「保有するモノ」とはなんでしょうか。販売するモノ（商

品）も必要ですし、モノをつくるための工場設備や土地も必要になってくるでしょう。これらのモノはBSを見れば確認することができます。これらは総じて、戦うための**軍備**として考えることができます。

　一方で、BSは保有するモノだけを記載しているわけではありません。モノは無料ではなく、対価を支払って得ているため、その**お金の出どころ（調達先）と調達金額を明確にする必要がある**のです。このお金が戦うための**軍資金**であり、軍資金をうまく調達しなければ、戦うための軍備を得ることができず負けてしまうこともあります。すなわち、軍資金は経営の命綱であり、コントロールしなければ経営はすぐに破綻してしまうのです。

　図1-1はBSのイメージ図です。左側が保有する軍備で、右側がその軍備を購入するために調達した軍資金を表しています。図のとおり、軍

図 1-1　**BS のイメージ**

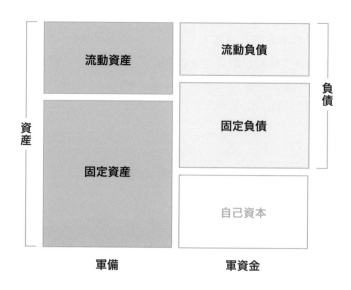

備と軍資金はもう少し細かく分けることができ、合計で5つの重要な
パーツで構成されます。

　軍備は「**資産**」と呼ばれ、「**流動資産**」と「**固定資産**」に分かれます。
軍資金は「**負債**」と「**自己資本**」に分類され、負債はさらに「**流動負債**」
と「**固定負債**」に分けて考えます。それぞれ、詳しく見ていきましょ
う。

　まず、左側の「資産」から解説します。**資産（Assets）**には、ビジネ
ス現場という戦いの場所で、どのような軍備を持っているかが記載され
ています。企業がビジネスで必要になるものはなんでしょうか。例えば
小売・卸売業のウォルマートを考えれば、食材や商品など販売するモノ
が必要になってきます。製薬会社のジョンソンエンドジョンソンであれ
ば在庫や施設・機械などが必要になるでしょう。

　これらの資産は、**ワンイヤー・ルール（1年基準）**という基準で流動
資産と固定資産に分類されます。決算日翌日から1年以内の期限で入
金・支払いがおこなわれるものは「**流動**」、1年を超えるものは「**固定**」
として扱われます。ただし、厳密にいうと、すべての資産に必ずワンイ
ヤー・ルールが適用されるわけではないことに注意が必要です。資産は
図1-2のように流動資産と固定資産に分けられます。

　次に右側の負債と自己資本を説明していきます。**BSの右側には、企
業の軍備（資産）を購入するために軍資金をどのように工面したかが記
載されています。**調達方法は主に2種類あって、銀行などから借り入れ
る他人資本（負債）と株主から出資を受ける自己資本です。

　一般的には借り入れたお金を借入金といいますが、決算書ではこれを

図 1-2 **資産は「流動」と「固定」に分類される**

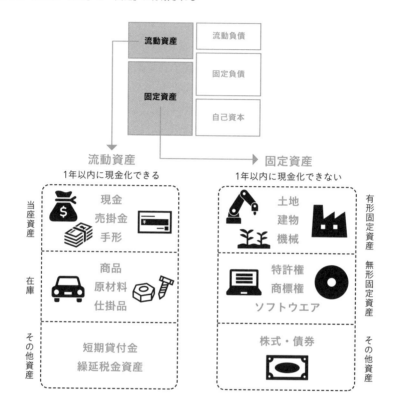

負債（Liabilities）と呼びます。**借りたお金ですから、いずれ返済する
必要があります。**一方で**自己資本（Equity）は返済する義務はありま
せん**（日本では自己資本を純資産と呼びますが、本書では自己資本で統
一します）。**自己資本は企業のお金**だからです。自己資本には株主から
集めたお金（資本金、資本剰余金）や経営活動から儲けたお金（利益剰
余金）などが含まれますが、これらはすべて企業の持ち分になるため、
返済が不要なのです。

　負債は資産と同様に流動と固定に分けることになります。図1-3は流

26

図 1-3 **負債と自己資本の中身**

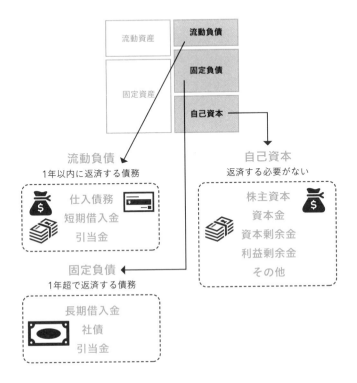

動負債と固定負債、そして自己資本のイメージになります。

マリオット vs ハイアット
── 有形固定資産から見る「稼ぎ方」の違い

　まずはホテル業のBSを比較、分析していきます。1つは**マリオット（Marriott International, Inc.）**です。マリオットは、世界122の国と地域に6,000軒以上のホテルやリゾートの運営やフランチャイズを展開する多国籍企業になります。代表的なホテルに、マ

リオットやザ・リッツ・カールトンなどがあります。もう1つは**ハイアット（Hyatt Hotels Corporation）**です。ハイアットも、世界各地で500軒以上のホテルを展開している企業になります。代表的なホテルには、ハイアット、アンダーズなどのブランドがあります。図1-4は2社のBSです。

2社の大きな違いがわかったでしょうか。ホテル業というと、ホテルという有形固定資産を保有し、それを使ってサービスを提供する業態とイメージできます。しかし、**マリオットにはその有形固定資産が6%ほどしかありません。**

じつは、**マリオットのメインビジネスはホテルの実質的な経営で**

図1-4　マリオットとハイアットのBS

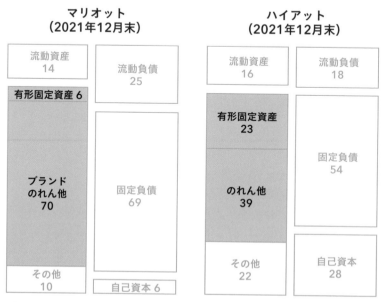

※数字は%

はないのです。かわりに、多くのホテル経営者もしくはフランチャイジーとフランチャイズ契約を結んで、マリオットという看板を貸して稼ぐビジネスをメインビジネスにしています。これにより、**自分たちがホテルそのものを有形固定資産として持たなくても、収入が入ってくるビジネスを展開している**というわけです。

　また、マリオットはいままでにたくさんのホテルを買収してきました。そこから「**のれん**」や「**ブランド**」を積み重ねたために、**総資産の70%近くの無形固定資産を保有**していることが特徴です。

　一方で**ハイアットですが、こちらが通常のホテル経営**といって良いでしょう。自社でホテルを保有し、そこでサービスを提供するビジネスモデルなので、マリオットのように看板を貸すというビジネスはあまり大きくやっていません。**有形固定資産も総資産の23%を占めています。**ただ、ハイアットもCOVID-19の影響を受けてしまったため、**以前は対総資産で40～50%近くの有形固定資産を保有していたのですが、その多くを手放した**ものと考えられます。

Case Study **2**

デルタ航空 vs フェデックス
—— 輸送物の違いはBSにどう表れるか

　次に比較分析をするのが、**デルタ航空（Delta Air Lines, Inc.）**と**フェデックス（FedEx Corporation）**です。デルタ航空は、世界約50カ国、300以上の都市に運航している米国の大手航空会社です。日本の航空会社と提携がないため日本での知名度はそれほど高くありませんが、米国ではトップクラスの知名度と歴史がある航空会社になります。フェデックスは、重量貨物やドキュメントなどの物流

サービスを提供する世界最大手の国際総合貨物輸送会社です。**どちらも飛行機を使ったサービスを提供するビジネス**ですが、BSではどのような違いがあるのでしょうか。確認してみましょう（図1-5）。

デルタ航空とフェデックスの大きな違いは、人間を中心に運ぶか貨物を中心に運ぶかです。では、この違いがどのようにBSに反映されるのでしょうか。

まず前提として、両社とも飛行機を使ったサービスを提供しているので、在庫がほぼ存在しません。一方で、両社の間には**売掛金に特徴的な差**が表れています。まず、**デルタ航空は基本的に個人への**

図 1-5　デルタ航空とフェデックスの BS

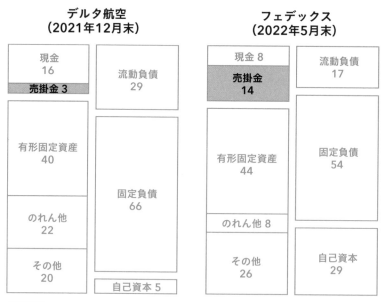

※数字は%

サービスが中心であるため、掛けでの取引をすることは比較的少ないと思われます。総資産に占める売掛金の割合は3％です。一方で、**フェデックスについては個人も顧客としていますが、法人を相手にしたビジネスもそれなりの売上規模になります。**そのため、売掛金は総資産のうち14％と、デルタ航空の約5倍の大きさになっています。

Case Study **3**

デル vs ヒューレット・パッカード
—— 生産方式の違いが表れる「在庫」の割合

次に比較分析をするのが、PCメーカーの**デル（Dell Technologies Inc.）**と**ヒューレット・パッカード（HP Inc.）**です。デルは、ユーザーとしてPCを使ったことがある人はたくさんいるかと思いますが、PC製造だけではなく、コンピューター及び関連製品・サービスの開発・販売・修理・サポートをおこなっています。一方ヒューレット・パッカードは、PC及びプリンターなどのハードウェアの製造・開発をおこなうグローバル企業になります。では、この2社にはどのようなBSの違いがあるのでしょうか？（図1-6）

ここでの**注目するべきポイントは、デルの在庫の少なさ**です。デルは、トヨタ生産方式である**「ジャストインタイム」**を採用して、既製品はつくらず、注文を受けてから製造し始める方式をとっています。そのため、デルの在庫は他のPCメーカーと比較して圧倒的に少なくなるのです。ヒューレット・パッカードに加え、世界的なPCメーカーである、レノボ（Lenovo）、エイスース（ASUS）、エイサー（Acer）の在庫レベルと比較すると図1-7のようになりました。

図 1-6 デルとヒューレット・パッカードの BS

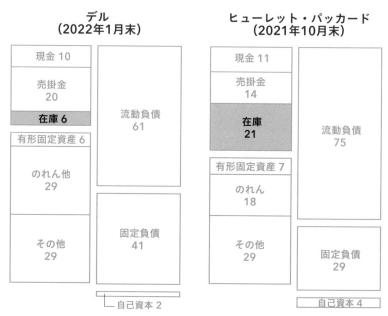

デル
（2022年1月末）

ヒューレット・パッカード
（2021年10月末）

※数字は%
※両社とも2021年度

図 1-7 PC メーカーの BS のうち在庫が占める割合

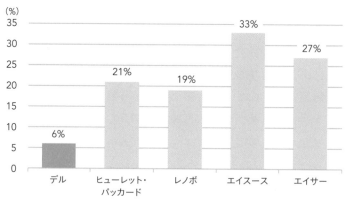

※全社2021年度

これを見ると、**デルが他社と比べてかなり在庫レベルを低く抑えた経営をしている**とわかるはずです。

ところで、この2社のBSですが、ここまで見てきたBSと比べ、少し変わった点があります。それは、**資産サイドと負債・自己資本サイドが均衡していない**という点です。負債がかなり大きい割合を占めており、**債務超過**に陥っていることがわかります。日本では債務超過というと、企業が倒産してしまうリスクをイメージしてしまいますが、**米国では債務超過には日本ほど敏感に反応しません**。その理由は、**この2社は潤沢なキャッシュを保有している**ためです。米国では"Cash is King（現金は王様）"と呼ばれるぐらいキャッシュが大切と考えられており、たとえ債務超過に陥ったとしてもキャッシュがあれば貸主も過剰に反応することはないのです。

クイズ　BSの特徴から企業をあててみる

さて、BSの中身は理解できたでしょうか。では、BSへの理解を深めるため今度は企業例を使ってクイズに挑戦してみましょう。図1–8の2つのBSをご覧ください。1つは**ディズニー（The Walt Disney Company）**、もう1つは**グーグル（Alphabet Inc.）**になります。両社のビジネスモデルを加味しながら考えてみましょう。

両社の大きな違いは、**固定資産**です。A社では総資産の8割を超えていますが、ここから解答を導き出すことができるでしょうか？

ディズニーといえば思い浮かぶのは**パーク事業**です。世界中のディズニーランド等はすべて固定資産であり、ディズニーはそれら固定資産を

図 1-8　**BS クイズ**

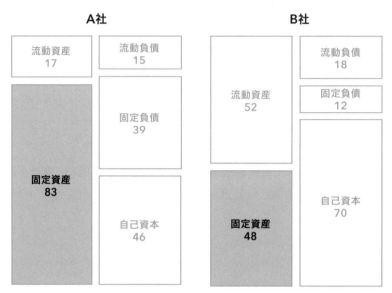

A社

流動資産 17	流動負債 15
固定資産 83	固定負債 39
	自己資本 46

B社

流動資産 52	流動負債 18
	固定負債 12
固定資産 48	自己資本 70

※数字は%
※両社とも2021年度

使ってビジネスを展開しているということが想像できます。

　一方でグーグルは、固定資産は存在すると思いますが、ディズニーほどの保有はしていないことが想像できます。じつはグーグルは、利益をあげてもその額が大きすぎて、投資できる対象があまり存在しません。そのため、たくさんの現金や短期金融商品を保有しており、ディズニーとは対照的に流動資産が多いという特徴があります。

　クイズの答えは、**A社＝ディズニー、B社＝グーグル**でした。

損益計算書（PL）の読み方

PLは企業の年に一度の「成績表」

PLとは、企業にとっての「社会人が受ける人事評価」もしくは「学生の成績表」と考えると良いでしょう。言い換えると、**企業が、ある期間（会計期間）で、どれぐらいの売上を出して、いくらの費用を計上して、そしていくら儲かったのか**」を表したものになります。

例えば、たくさんの儲けがあれば、優秀な成績と考えることができるでしょう。そして、その儲けは「売上をあげる工夫」や「費用を下げる努力」などをおこなった結果であることがわかります。PL（企業の成績表）を見ることによって、企業がどこに力を入れて頑張ったのか（儲けたのか）を知ることができるのです。

PLからわかる「4つの利益」

PLからは、さまざまな利益を求めることができます。図1-9は、海外と日本のPLのイメージです。

日本の場合、売上から各費用を引いて、5種類の利益を求めることが一般的です。一方で海外では4種類になることに注意です。というのも、**日本の決算書とは異なり、海外決算書では経常利益という概念がな**いためです。新聞を含めたメディアは、日本企業の決算報告に経常利益という言葉を良く使いますが、どの部分の利益を指しているのか確認し

図 1-9　海外の PL と日本の PL の違い

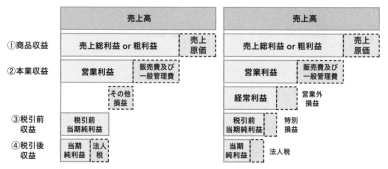

ておくと良いかもしれません。

　また、海外決算書の種類も、**米国会計基準（USGAAP）**と **IFRS（国際会計基準）**と大きく2つに分かれています。非常に細かく見るとルールは異なりますが、PLの大まかな構成は変わりません。

　さて、PLが「企業がどこに力を入れて儲けたのか」を表すものと紹介しましたが、注目するべき利益は**①商品収益（売上総利益）、②本業収益（営業利益）、④税引後収益（当期純利益）**になります。これらは分析の際に頻繁に使われる数値になるためです。

　最初に、**売上高から売上原価を差し引いて売上総利益を求めます**（売上総利益は粗利益ともいいます）。粗利益から、商品そのものの収益性を測ることができます。売上原価には、原材料費、光熱費、人件費、減価償却費などが含まれます。商品や製品をつくる過程で、たくさんの費用が発生しますが、**粗利益が高い場合は、商品そのものの付加価値が高**

いということがわかるでしょう。

次に、**粗利益から営業利益を求めていきます**。そのためには、**販売費及び一般管理費を差し引く**必要があります。販売費及び一般管理費は、商品や製品をつくるための費用以外のものを指します。具体的には本社機能といって良いでしょう。主に、本社で働く人の人件費や家賃、商品・製品を宣伝するコスト、新商品を出すための研究開発費が販売費及び一般管理費にあたります。

営業利益が高いということは、本業での収益性が高いという意味です。そしてこの営業利益から営業外で生じた利益と費用（例えば預金の利息受取りや借金の利息支払い）を加減して求めたものが日本で使われる**経常利益**と思ってください。

海外決算書の場合は、営業利益にその他損益（その他利益とその他費用の差額）を加減して、**税引前当期純利益**が求められます。この、その他損益は、本業以外で発生した損益（受取利息や支払利息）を指します。しかし、本書では、この利益の細かい説明については割愛したいと思います。

そして、最後が**当期純利益**ですが、これは株主に帰属する最終的な儲けになります。すなわち企業の持ち分ということです。**当期純利益は、企業の総合力を示す利益**になります。

企業の「儲けの構造」がわかるPLパターン

前節で紹介した**費用の大小で、企業それぞれのビジネスに特徴が出てきます**。図1-9のPLをひっくり返して、2つのビジネスパターンを比較してみましょう。

①粗利益で急減パターン（図1-10）

このパターンでは、**売上高から粗利益にかけて急勾配**になっています。**売上高と粗利益の差が大きいということは、原価率が高いビジネス**であることがわかります。すなわち、**薄利多売ビジネス**で、業種でいうと卸売業が該当します。

②営業利益で急減パターン（図1-11）

このパターンでは、**粗利益から営業利益にかけて急勾配**になっています。**粗利益は非常に高いのですが、販売費及び一般管理費がかさむビジ**

図 1-10　**商品を薄利多売している企業の PL**

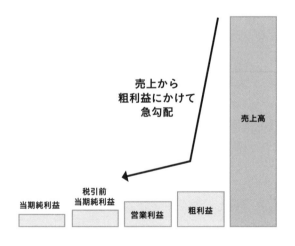

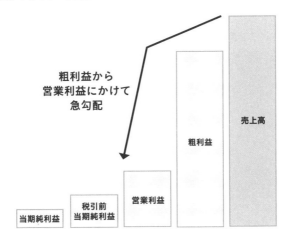

図 1-11　管理費がかさんでいる企業の PL

粗利益から
営業利益にかけて
急勾配

売上高

粗利益

営業利益

税引前
当期純利益

当期純利益

ネスだとわかります。人件費や広告宣伝費が多く発生するビジネスを想像すると良いでしょう。例えば、高付加価値の製品を売る製造業や飲食業もこのビジネスに入ってきます。

ヘインズ vs タペストリー
── 原価率が違っても営業利益率が変わらないロジック

さて、ここでは業種別にPLを比較してみたいと思います（図1-12）。最初はアパレル業界で考えます。1つは**ヘインズ（HanesBrand Inc.）**です。Tシャツなどの下着やチャンピオンなど主にカジュアルウェアを販売しているアパレル企業になります。もう1つは**タペストリー（Tapestry, Inc.）**です。こちらは、レザーのハンドバッグで有名なコーチブランドを展開しているアパレル企業です。

両社を比較すると、最終的な営業利益率は大きな差はありませ

図 1-12　ヘインズとタペストリーの PL

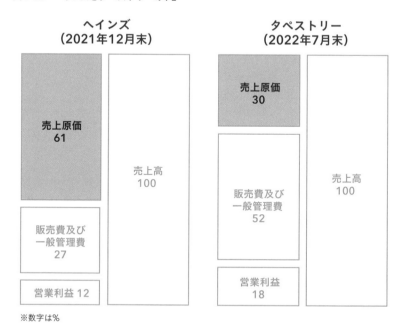

ヘインズ
（2021年12月末）

タペストリー
（2022年7月末）

売上原価
61

売上高
100

販売費及び
一般管理費
27

営業利益 12

売上原価
30

売上高
100

販売費及び
一般管理費
52

営業利益
18

※数字は％

ん。しかし、**ヘインズの売上原価率はタペストリーの倍以上になっており、対照的にタペストリーの販売費及び一般管理費率はヘインズの倍近くになっています。** どちらも世界的に有名な企業ですが、儲けるための戦略は違うということでしょう。しかし、具体的にどのような違いがあるのでしょうか？

　まず、あくまでも比較ベースですが、**タペストリーはヘインズよりも高級な商品を展開しているため、商品単価が高い**と想像できます。当然、**原価に上乗せする幅もタペストリーのほうが大きいため、タペストリーの売上原価の割合が小さくなっている**と考えられるでしょう。

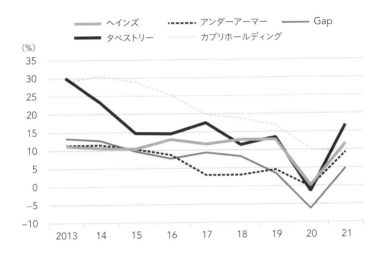

図 1-13　アパレル企業の営業利益率推移

図1-13は主なアパレル企業の営業利益率の推移を比較したもの
です。

　グラフから、商品単価が高い商品を販売しているアパレル企業の
ほうが、営業利益率が高くなる傾向があるとわかります。

　しかし、タペストリーの場合、営業利益率が高いかわりに、販売
費及び一般管理費も高くなっています。この理由は、**タペスト
リーのほうが広告宣伝費にお金をかけ、自身の店舗を使って販売す
る形式のため**と考えることができるでしょう。

　結果として、タペストリーとヘインズの最終的な営業利益率には
それほど大きな差が生まれていないのです。

ヤムブランズ vs スターバックス
── フランチャイズが営業利益率に及ぼす大きな影響

　さて、次は飲食業のPLを比較してみたいと思います（図1-14）。1つは**ヤムブランズ（Yum! Brands, Inc.）**です。この企業は、日本ではあまりなじみがないかもしれませんが、この企業が保有するレストラングループは日本でも良く知られています。例えば、ケンタッキーフライドチキン（KFC）、タコベル、ピザハットなどです。そして、もう1つは**スターバックス（Starbucks Corporation）**を選びました。

図 1-14　**ヤムブランズとスターバックスの PL**

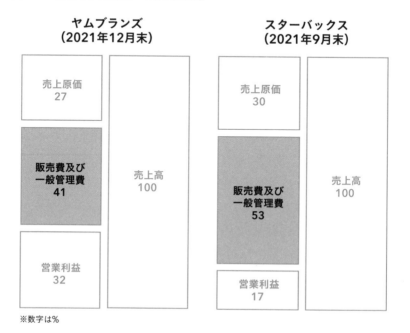

ヤムブランズ
（2021年12月末）

売上原価 27	
販売費及び一般管理費 41	売上高 100
営業利益 32	

スターバックス
（2021年9月末）

売上原価 30	
販売費及び一般管理費 53	売上高 100
営業利益 17	

※数字は%

表 1-1　**直営店とフランチャイズ店の売上比**

ヤムブランズ			スターバックス		
売上（百万ドル）			売上（百万ドル）		
直営店	2,106	**42%**	直営店	24,607	**90%**
フランチャイズ店	2,900	**58%**	ライセンス店	2,684	**10%**

※両社とも2021年度

　さて、**この2社の大きな違いは、ヤムブランズの営業利益率がス
ターバックスの約2倍の大きさであるということ**でしょう。そし
て、**その差の原因は販売費及び一般管理費の大きさにある**というこ
とがわかります。同じ飲食業なのにもかかわらず、なぜこのような
差が生まれてしまうのでしょうか？

　その答えは「**フランチャイズ**」です（正確にいうとスターバック
スはフランチャイズではないのですが、フランチャイズ契約に似た
ライセンス契約を採用しています）。

　そして、**2社のPL内を比較すると、ヤムブランズの直営店とフ
ランチャイズ店の売上比は42：58であるのに対して、スターバッ
クスは90：10であることがわかります**（表1-1）。

　**直営をするということは、それだけ人件費や店舗費用などを直接
負担しなければなりません。**ここがヤムブランズとスターバックス
の営業利益の差に表れていると考えて良いでしょう。

マイクロソフト vs セールスフォース
── セールスフォースの営業利益率が極端に低い理由

　次に比較をするのがソフトウェア企業のPLです（図1-15）。1
つは**マイクロソフト（Microsoft Corporation）**を使います。マイ
クロソフトは企業・一般消費者向けにたくさんのソフトウェアを提
供している企業になります。もう1つは**セールスフォース
（Salesforce.com, inc.）**です。セールスフォースは顧客情報をクラ
ウドで色々な部署で一元管理できるCRM（Client Relationship
Management）アプリケーションを提供しているSaaS企業と考え
てください。

図1-15　**マイクロソフトとセールスフォースのPL**

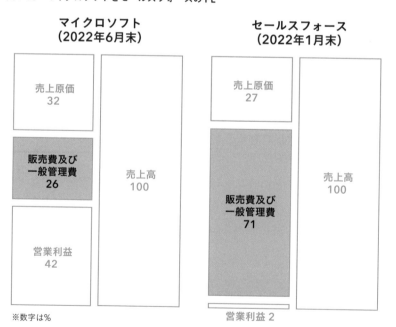

※数字は%

　この2社を選んだ理由は、規模は違えど互いをライバルと意識する企業だからです。2016年には、LinkedInの買収合戦で、セールスフォースはマイクロソフトに負けました。一方で、2020年にはセールスフォースはSlackを買収して応戦しています。

　さて、両社のPLにおける大きな違いはなんでしょうか。それは、**販売費及び一般管理費率の大きさ**でしょう。マイクロソフトが26％に抑えている一方、セールスフォースは71％と、約3倍の差がついています。これがセールスフォースの営業利益を押し下げる原因となっているようです。

　2社の販売費及び一般管理費を詳しく見てみましょう（表1-2）。**セールスフォースの販売費及び一般管理費は、マイクロソフトと比較するとセールス＆マーケティングの費用がかなり大きな割合を占めています。**この理由は、10K内「セールス＆マーケティング」の詳細箇所を見ると、人材採用と各営業先や提携先へのコミッション（手数料）に費用がかかっているからだとわかります。今後売上増加を加速させていこうとするセールスフォースの本気度がこの数値に表れていると見ることができるでしょう。

表 1-2　**販売費及び一般管理費の内訳**

マイクロソフト			セールスフォース		
販売費及び一般管理費（百万ドル）		売上比	販売費及び一般管理費（百万ドル）		売上比
研究開発費	24,512	**12%**	研究開発費	4,465	**17%**
セールス＆マーケティング	21,825	**11%**	セールス＆マーケティング	11,855	**45%**
一般管理費	5,900	**3%**	一般管理費	2,598	**10%**
売上	198,270		売上	26,492	

そして、マイクロソフトが、この勢いに対してどのように対抗していくのかが注目ポイントになります。

ジョンソンエンドジョンソン vs ユニリーバ
── 原価率を直撃する商品構成の違い

　最後はヘルスケア企業のPLを比較してみたいと思います。1つは**ジョンソンエンドジョンソン（Johnson & Johnson）**です。そして、もう1つは**ユニリーバ（Unilever PLC）**です。ユニリーバはイギリスの会社のため、10Kを提出する必要はありません。そのかわりに、20-Fという10Kに似た書類を提出します。表記の仕方が10Kとは違うので少し戸惑うかもしれませんが、ここでは20-Fの内容を要約して説明していきたいと思います。

　さて、両社のPLの大きな違いはなんでしょうか（図1-16）。1つは**ジョンソンエンドジョンソンの売上原価率の低さ**、そして**ユニリーバの販売費及び一般管理費率の低さ**です。なぜ同じヘルスケア企業なのに、このような差がついてしまったのでしょうか。これには両社のビジネスモデルの違いが影響していると考えることができます。2社の売上の構成を詳しく見てみましょう（図1-17）。

　ジョンソンエンドジョンソンは日用品やホームケアなどを提供する企業と思われることが多いですが、じつはその中身を見ると医薬品が売上の約半分以上を占めています。一方でユニリーバは日用品と食品が売上の80%を占める企業ということがわかりました。

　医薬品は特許をとれば、大量生産も可能になり原価を安く抑える

46

図 1-16　ジョンソンエンドジョンソンとユニリーバの PL

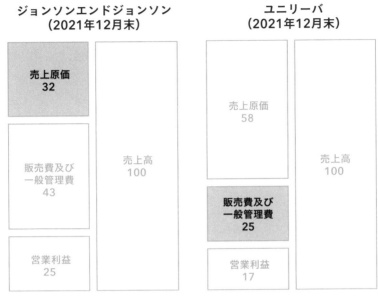

ジョンソンエンドジョンソン
（2021年12月末）

売上原価
32

販売費及び
一般管理費
43

売上高
100

営業利益
25

ユニリーバ
（2021年12月末）

売上原価
58

販売費及び
一般管理費
25

売上高
100

営業利益
17

※数字は%

図 1-17　ジョンソンエンドジョンソンとユニリーバの売上構成比

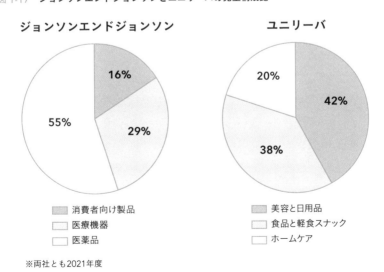

ジョンソンエンドジョンソン

16%
29%
55%

ユニリーバ

20%
42%
38%

消費者向け製品
医療機器
医薬品

美容と日用品
食品と軽食スナック
ホームケア

※両社とも2021年度

ことができるため、売上原価は相対的に低くなります。その一方で、**特許をとるまでに多額の研究開発をおこなう必要があります。** 研究開発費は、PLの販売費及び一般管理費に記載されます。2社のPLを見ると、ジョンソンエンドジョンソンは売上全体の17%、ユニリーバは2%の研究開発費を使っていることがわかります。**この研究開発費の違いが両社のPLに表れている**のです。

クイズ　PLの特徴から企業をあててみる

さて、BS同様にPLでもクイズを出していきましょう。図1-18の2つのPLのうち、1つは**アップル（Apple Inc.）**、もう1つは**エスティーローダー（The Estée Lauder Companies Inc.）**です。エスティーローダーは化粧品を中心に製造販売する会社です。それぞれのビジネスモデルを加味しながら考えてみましょう。

今回のクイズのポイントは、**A社の販売費及び一般管理費率の高さとB社の売上原価率の高さ**です。アップルとエスティーローダーのビジネスは、それぞれ何にコストをかけて商品を販売しているのでしょうか?

広告宣伝費や営業人件費などをたくさん使わなければならないビジネスだと、販売費及び一般管理費の割合は大きくなります。また、原価率は、商品単価に対して原価が高ければ大きくなりますし、原価が相対的に安ければ逆の結果となります。

エスティーローダーの主力商品である**化粧品は、原材料がほぼ水のため売上原価が安くなる傾向があります。**一方で、**化粧品業界というのは、競合他社も非常に多いため、認知度を高めるために広告やマーケ**

48

図 1-18　**PL クイズ**

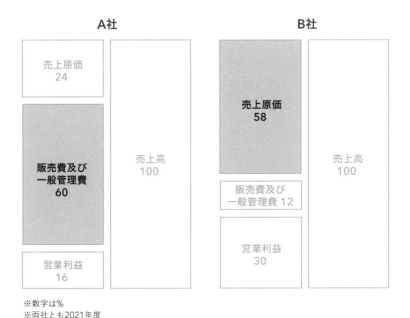

A社

売上原価 24	売上高 100
販売費及び一般管理費 60	
営業利益 16	

B社

売上原価 58	売上高 100
販売費及び一般管理費 12	
営業利益 30	

※数字は%
※両社とも2021年度

ティングを積極的におこなう必要があり、費用がかさんでいきます。同業の日本企業である資生堂でも同じようなPLになることを覚えておくと良いでしょう。

　その一方で、**アップルは製造業になりますので製品を製造するためにコストをかける必要があります**。エスティーローダーのように売上原価を安く抑えることはできないため、原価率は相対的に高くなる傾向にあります。

　このクイズの答えは、**A社＝エスティーローダー、B社＝アップル**でした。

減価償却ってなんだろう？

　PLの中身を分解すると「**減価償却費**」という言葉が出てきます。減価償却というのは、字をそのまま解釈するとモノの価値を減価させて、償却すると読めます。ただ、これでもまだピンとこないでしょう。減価償却費は、決算書を読み解くうえで非常に重要な項目なので、ここで少し説明したいと思います。

　具体例を出して考えます。いま、事業をおこなうためにトラック（資産）を100万円で購入したとしましょう。この100万円を購入した年に一気に費用計上してしまうのは誤りになります。というのも、**このトラックは当然商品運送のために何年にもわたって使い続けるので、購入した年に一気に費用となるのはおかしい**からです。

　そのかわりに**1年ごとにトラックの使用分のみを費用として計上する**

図 1-19　**減価償却のイメージ**

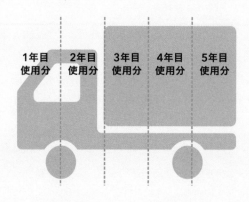

と同時に、**資産価値を減価する**わけです。これによって、費用計算だけでなく資産価値も適正に計算できるのです。

　トラックの例で計算してみると、耐久年数が5年だとして1年につき20万円費用計上し、同時に資産価値を20万円分減価させていくのです。

　ちなみに、減価償却がはじめて導入されたのが1820年代の鉄道会社といわれています。なぜ鉄道会社が減価償却を考えたかというと、鉄道会社は初期費用がかなり大きいためです。減価償却の考え方がないと、初期費用のおかげで大赤字の企業だと判断されてしまいます。これでは投資家に自分たちの財務健全性をアピールすることはできません。そこで減価償却という考え方を取り入れることで、費用の期間按分を実現させたわけです。

キャッシュフロー計算書 （CFS）の読み方

CFSは企業の「預金通帳」

　現代のビジネスには、**信用力が非常に大切**になってきます。小売業を例に考えると、商品を販売したとしても、すべてが現金取引になることはありません。かわりに、掛けで販売して、後日振り込んでもらうというやりとりもあるはずです。このような掛け取引の場合、現金が入金されていなくても、商品が顧客に渡った段階でPL上では売上計上をしてしまうため、現金の正確な流れはわかりません。

　じつは、1980年ぐらいまでは世界でもCFSの作成・開示義務はありませんでした。ところが、米国でこの時期に**PLの帳面上では黒字で業績好調だったにもかかわらず、キャッシュ（現金）が足りないために倒産する企業が相次ぐ事態（黒字倒産）が発生した**のです。掛け取引（売掛金）で現金がしばらく入金されない現金不足の状態で、掛けの支払い（買掛金）をしなくてはいけなくなると、**「支払い不能」となり最悪のケースでは「倒産」となってしまう**のです。

　これを避けるために、「キャッシュでどれほどの入金と出金があったのか？」を報告したものがCFSなのです。**CFSは、企業であれば法人の預金通帳**と考えるとイメージしやすいかもしれません。米国では、1980年代後半から、日本では2000年になってCFSの提出が義務化されました。

　では、企業のキャッシュフローを考えるとき、どのようなケースでキャッシュの入金・出金を認識するのでしょうか。例えば、以下のよう

なケースが考えられます。

1 本業から得た現金収入や支出
2 設備投資や貸付による現金収入や支出
3 借入による現金収入や返済による現金支出

　決算書では上から順に、1 **営業活動からのキャッシュフロー（以下営業CF）**、2 **投資活動からのキャッシュフロー（以下投資CF）**、3 **財務活動からのキャッシュフロー（以下財務CF）**という名前で記載されています。

営業CFで「事業からの稼ぎ」がわかる

営業CFは、本業であるビジネスでキャッシュがどれだけ増減したの

図 1-20　**営業キャッシュフローのイメージ**

営業キャッシュフロー

かを表すものになります（図1-20）。本業なので、**一番重要視される**
キャッシュといっても良いでしょう。具体的には、商品販売等から得た
現金売上、売掛金の回収、減価償却費などはプラスの要因となり、商品
等購入による仕入代金の支払い、従業員の給与の支払い、事務所利用で
発生する家賃や光熱費などの諸経費はマイナス要因となります。

投資CFで「投資への積極性」がわかる

投資CFは、投資活動によってキャッシュがどれだけ増減したのかを
表すものになります（図1-21）。投資CFにおける投資活動とは、主に
設備投資にかかわる活動を指します。設備投資等は、将来を見据えた利
益獲得のための投資と考えると良いでしょう。具体的には、固定資産の
ような事業投資と金融資産への投資に分けられます。

図 1-21 **投資キャッシュフローのイメージ**

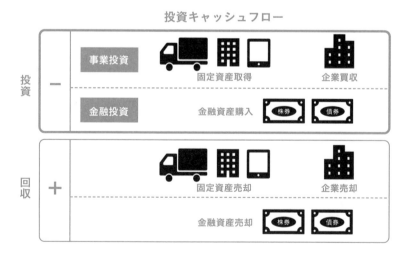

　いま、将来の成長のために大きな設備投資をしたとします。これはキャッシュが手元から出ていくので投資CFはマイナスになります。これは企業の積極的な投資姿勢と考えることができるでしょう。反対に手元にある資産を売却すれば、手元にキャッシュが入ってくるため、投資CFはプラスになるわけです。総じて、**事業に勢いがある企業は投資CFがマイナスになる**のです。

財務CFで「会社の借金状況」がわかる

　財務CFは、外部から資金を得たり、返済したりすることで生じるキャッシュの増減と考えると良いでしょう（図1-22）。投資CFと区別がつきにくいところですが、**財務CFは事業運営のための資金調達に関連するキャッシュの動き**を記載していると考えると良いかもしれませ

図 1-22　**財務キャッシュフローのイメージ**

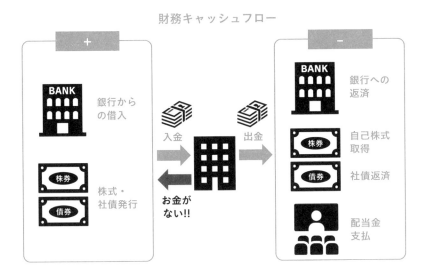

財務キャッシュフロー

ん。すなわち、営業活動や投資活動をバックアップするためのものなのです。

CFS全体から「企業の現状と今後の戦略」がわかる

さて、この3つを一つひとつ単体で学習することもとても大事なことですが、**3つのキャッシュフローの増減幅を俯瞰して捉えると、その企業が運営する「現在」のビジネスの特徴や「今後」の進んでいく方向などさらに学びが多いものになります**。具体的なイメージを、図1-23のようなフローチャート図に変換してみると、理解がしやすいでしょう。

このチャートから読み取れるのは、営業CFがプラスで営業活動が順調だったということ、投資CFがマイナスなので投資をおこない、財務CFはマイナスなので、返済等をおこなったということです。しかし、これだけでは企業のビジネスや今後進んでいく方向はわかりません。

図1-23　フローチャート図をつくるとキャッシュフローを把握しやすい

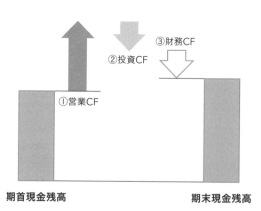

そこでご紹介するのは、企業のCF活動を代表的な6つのタイプにまとめたものです。各CFの増減幅に注目することで企業がとっている戦略を理解することができます。

○営業CF（プラス）投資CF（マイナス）

事業も好調で投資も積極的におこなっている、2つのタイプを見ていきましょう。

図1-24の左のケースのCFはすでに例として図1-23で示したものです。こちらは営業CFで得たキャッシュを使って自社の投資・借金返済をしているわけですから、非常に安定的なCFと考えることができます**(安定・優良型)**。

一方で右のケースだと、営業CFはプラスですが、そのプラス分以上に投資をおこなっていることがわかります。このように積極的な投資をする企業は**投資先行型**のタイプといえるでしょう。

図 1-24　**安定・優良型と投資先行型のフローチャート**

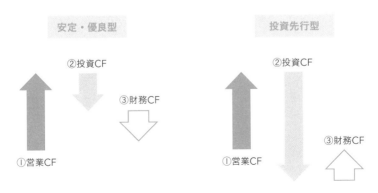

○営業CF（プラス）投資CF（プラス）

　次に、図1-25のタイプを見てみましょう。

　事業は好調に推移しているようですが、投資は回収しているようで、営業CFと投資CFで得たキャッシュを借金等の返済にあてているように見えます。

　ただ気をつけたいのが、このプラスの投資CFは、必ずしも消極的な姿勢とは限らないということです。例えば、現金の不足を補うために一時的に資金回収をする**一時回収型**のタイプかもしれません。

　もしくは、経営効率化のために遊休資産などを圧縮している**効率化型**のタイプの企業の可能性もあるため、実態を知るためには、投資CFの詳細をしっかりと見極めることが大切です。

○営業CF（マイナス）投資CF（プラス）

　図1-26の2つのパターンは基本的に、**リストラ型（構造改革型）**タイ

図1-25　一時回収型あるいは効率化型のフローチャート

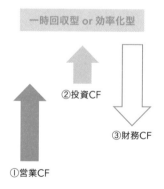

図 1-26　**リストラ型と破綻危機型のフローチャート**

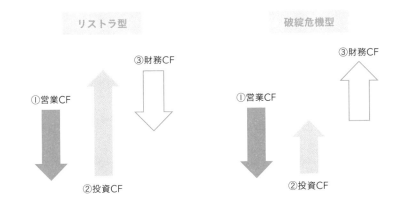

プと**破綻危機型**タイプになります。

　リストラ型は、事業が不調のため、投資を回収しながら借金を返済し、経営を立て直していると推測できます。こういう企業は将来的に存在しなくなるかもしれませんが、リストラが完了すると回復する可能性もあります。

　次に、**破綻危機型**は、同じく事業が不調で、投資CFでキャッシュを回収していますが、それでも金融機関から借入をしなければならないという危険な状況です。

○営業CF（マイナス）投資CF（マイナス）

　営業CFがマイナスと事業が回っていないのに、さらに投資をする企業も存在するでしょう（図1-27）。

　例えば、成長段階にあるために現段階では営業が順調でなくても将来成長させるため投資をおこなっている**一発勝負型**タイプの企業が考えら

図 1-27　一発勝負型のフローチャート

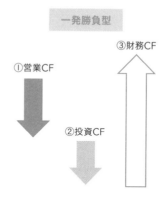

れます。じつは多くのスタートアップ企業の黎明期はこのケースにあてはまります。

ウーバー
── 新興企業特有の「マイナス営業CF」

　ここからはCFSをさまざまな角度から分析していこうと思います。まずは、**ウーバー（Uber Technologies, Inc.)** の上場以降のCFSを比較分析してみましょう（図1-28）。米国でのウーバーのビジネスは、配車サービスやライドシェア・フードデリバリー（Uber Eats）・宅配便などさまざまな分野にわたります。一方、日本では、当該配車サービスは白タク行為だと行政から指導を受けて撤退しましたが、そのかわりにUber Eatsが拡大傾向にあります。

　そのウーバーですが、営業CFだけに注目して考えていきたいと思います。**ウーバーは、上場以降いまだ営業CFがプラスになって**

図 1-28　**ウーバーのキャッシュフローの推移**

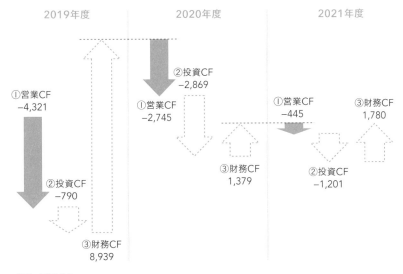

単位：百万ドル

**いませんが、じつはこれは新興企業では良くあることで決して驚く
ことではありません。** ビジネスが軌道にのれば、時間とともに営業
CFのマイナス幅は徐々に減少していくことが多いのです。

　創業当初は当然認知もされていないため、売上もあまりありませ
ん。一方で日々のオペレーションを回すコストは発生するため、営
業CFのマイナス幅が大きいのです。ビジネスの規模が大きくなる
につれて、オペレーション費用の拡大以上に売上も増加していき、
営業CFのマイナス幅は減少していきます。ウーバーもその傾向ど
おり、営業CFのマイナス幅は毎年減少しています。

　とはいえ、まだ営業CFはプラスに転じていません。ただ、ウー
バーの場合、**将来の成長を目指すための研究開発に力を入れている**

ため、その費用が拡大することによる営業CFのマイナス圧力が大きいと考えることができるのです。

セールスフォース
── 突然の「投資CF大幅マイナス」の原因

　次に、Section 2でも取り上げたセールスフォースのCFSを分析していきたいと思います。図1-29は2020年度と2021年度のCFSになりますが、1年で大きな違いが出たことが見て取れます。2020年度以前までのCFSを調べてみると、2021年度のような大きな動きは確認できませんでした。一体この1年で何が起きたのでしょうか？

図 1-29　**セールスフォースのキャッシュフロー比較**

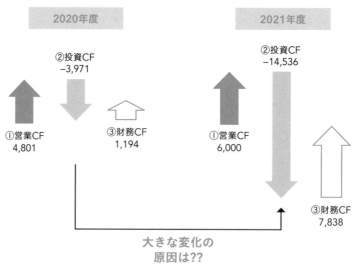

単位：百万ドル

　各年のCFSの違いを比較すると、**2021年度の投資CFがいままでにはないほどのマイナス（投資実行）になっている**ことがわかります。セールスフォースは何に投資をしたのでしょうか。セールスフォースは2021年度に、一部キャッシュを**Slack買収**にあてています。CFSの中ではビジネス結合（Business combination）と記載されていました。このように、**他企業をキャッシュで買収すると、その分手元のキャッシュがなくなるので、投資CFがマイナスになる**のです。

　ちなみに、投資CFはM＆Aだけでなく、設備投資などをおこなったり、もしくは設備を売却したりしても影響を受けることになるので覚えておきましょう。

Case Study 3

モデルナ
── 設立8年目で起きたCFSの異常事態

　次に紹介するのは**モデルナ（Moderna, Inc.）**です。COVID-19のワクチンの研究開発で一躍世界的に有名になったバイオテクノロジー企業ですが、歴史は浅く2010年設立です。また、モデルナは、COVID-19以前からも有効な対処法がなかった病気に対するmRNA（メッセンジャーRNA）のみを活用した創薬、新薬開発、ワクチン技術を強みとしてきた新興企業になります。では、同社のCFSはどのようになっているのでしょうか？

　特に注目したいのが2018年度のCFSになります。2021年度のCFSと比較してみました（図1-30）。

図 1-30　モデルナのキャッシュフロー比較

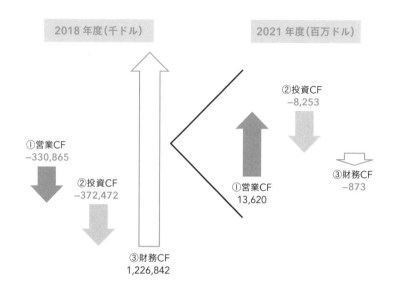

2018年度(千ドル)

①営業CF
−330,865

②投資CF
−372,472

③財務CF
1,226,842

2021年度(百万ドル)

②投資CF
−8,253

③財務CF
−873

①営業CF
13,620

　2018年度は営業CF、投資CF、財務CFすべての値が非常に高くなっています。過去のモデルナのCFSを見ると、**2018年度のような数字は異常値**とも捉えることができます。2021年度における各CFがモデルナの通常サイズといっても良いでしょう。特筆すべきは、**2018年度の財務CFが大きくプラスになっている**点でしょう。一体モデルナに何があったのでしょうか?

　これは、**2018年度にモデルナがIPO(Initial Public Offering)をおこなったことが原因**となります。IPOとは、未上場だった企業を株式市場に上場させることをいい、このIPOによって多くのお金を投資家から集めることができるわけです。**IPOによって得たキャッシュは、財務活動からおこなわれたと見なすため、モデルナの財務CFを大きくプラスにさせた**のです。

クイズ　CFSの特徴から企業をあててみる

　皆さん、具体的な例を見て、CFSを読み解くイメージはできたでしょうか。ここでは、CFSについてのクイズに挑戦してみましょう（図1-31）。今回は2011年末時点でのCFS比較になります。2つのCFSタイプがありますが、1つは**ツイッター（Twitter, Inc.）**、もう1つは**スターバックス（Starbucks Corporation）**です。2011年時点というヒントから、それぞれのCFSの正体を考えてみましょう。なお、CFSのフローチャートのそれぞれの大きさは、絶対値ではないため、2社の規模の大きさには比例していません。

　創業からの歴史は1971年創業のスターバックスのほうが長く、安定・優良型のCFSを持っていると考えられます。一方で、**ツイッターは2006年の創業後間もないこともあり、営業CFがマイナスだったとしても、投資を積極的におこなっている**と予想できます。ウーバーの分析でも述べましたが、B社のような営業CFと投資CFの組み合わせは、

図 1-31　**CFS クイズ**

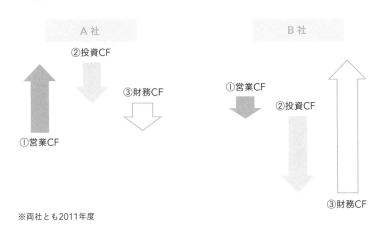

A社

②投資CF

③財務CF

①営業CF

B社

①営業CF

②投資CF

③財務CF

※両社とも2011年度

一般的にベンチャー企業に多い傾向にあります。たとえ、営業CFがマイナスでも、ベンチャー企業の成長のためには投資が必要です。銀行や投資家は彼らの将来性を見越してお金を貸していくのです。

　正解は**A社＝スターバックス（9月末決算）、B社＝ツイッター（12月末決算）**でした。

3つの決算書のつながり

　3つの決算書を紹介してきましたが、各決算書はバラバラに存在しているわけではありません。じつは、**3つは互いに連携しているため、関係性を知ることがとても大切**になります。ここでは、その一連の流れについて簡単に紹介していきましょう。図1-32を見てください。

　まず、①の前期末のBSから考えてみたいと思います。このとき、BSの資産には現金しかないと仮定します。次に、②のように今期は利益が出たとしましょう。これがPL上の当期純利益となりますが、この数値は利益剰余金としてBSの自己資本に加算されることになります。これが③です。そして、前期から今期にかけて、④のようにキャッシュの入

図 1-32　**3つの決算書はつながっている**

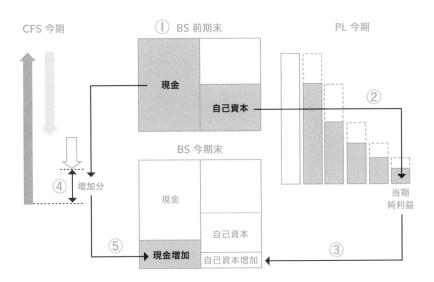

出金があったとしましょう。そこで、前期のBS上のキャッシュ残高が
CFS上のキャッシュの増減を通じて⑤のように加算されることになり
ます。このように3つの決算書は相互に関連しあうものになっているの
です。

セグメント情報から各事業の
パフォーマンスを理解する

　昨今、企業経営が多角化したり多国籍化しているため、グループの決算書のみで「その企業の経営状況」を判断することは難しくなってきています。そのため、**多国籍化している企業における、事業別の経営状況や、エリアごとの経営状況を見ることが大切**です。

　決算書において、事業別、エリア別に区分けされた情報を**セグメント情報**といいます。セグメント情報の分析をすることによって、企業の本業もしくは稼ぎ頭となっている事業を確認することができるのです。ちなみに、セグメント情報は、BS、PL、CFSをさらに分解した情報になるので、これは10K内では財務3表以外の箇所に記載されています。各企業とも、セグメントの切り口はバラバラで、統一感はありません。とはいえ、**製品別、地域別など、経営者が経営管理をおこなう際の視点を反映した切り口が大半**です。

　ここでは、マイクロソフトを例として取り上げ、セグメント情報の分析方法について解説していきましょう。マイクロソフトの場合、セグメントは3つの要素で分けられています。

　1つ目がビジネス別（企業、個人、クラウド）で分解したケースです。

　各ビジネスには、マイクロソフトが提供しているサービスを記載しています。ただし、これは、10Kのセグメント情報内で記載されている定義をもとに作成したものなので、このまま掲載されているわけではないことに注意してください。

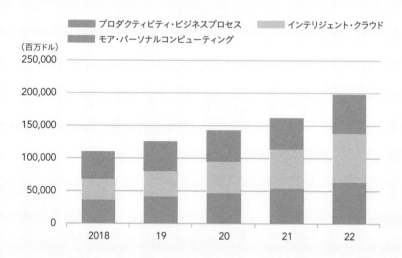

図 1-33 　マイクロソフトの各セグメント売上推移

表 1-3 　マイクロソフトの各セグメント売上の割合

	2020		2021		2022	
プロダクティビティ・ビジネスプロセス	46,398	32%	53,915	32%	63,364	32%
Office 365 サブスクリプション						
Teams						
LinkedIn						
インテリジェント・クラウド	48,366	34%	60,080	36%	75,251	38%
SQL Server						
GitHub						
Azure						
モア・パーソナルコンピューティング	48,251	34%	54,093	32%	59,655	30%
Windows						
ゲーム(eg, Xbox)						
Surface						
検索(eg, Bing)						
合計	**143,015**		**168,088**		**198,270**	

単位：百万ドル

簡単に解析していきましょう。図1-33から、**各ビジネスは売上額で増加している**ことがわかります。一方で、**対売上割合を見ていくと、プロダクティビティ・ビジネスプロセスは現状維持、モア・パーソナルコンピューティングのシェアは減少傾向にあります**（表1-3）。

その中で、**最近伸ばしているビジネスがインテリジェント・クラウド**のようです。2年前よりも4%近く対売上シェアを伸ばしており、マイクロソフトが力を入れている分野であることがわかります。

では次に、プロダクト別のセグメント情報を使って、もう少し詳しく見てみましょう。図1-34は、個々のマイクロソフト製品もしくはサービスを売上順で表したものです。

2022年度（2022年6月決算）で一番売上のシェアが高いのはサーバーやクラウドサービスで、その2つで売上の約半分以上を占めている

図 1-34　マイクロソフトのプロダクト別売上

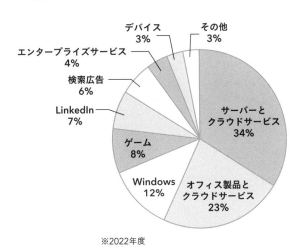

※2022年度

ことがわかりました。やはりクラウドビジネスが中心になってきているようです。

　最後に国別の売上も見ていきましょう（図1-35）。

　マイクロソフトの場合は、米国とそれ以外という単純な分け方ですが、**全世界と比較しても米国国内での売上が高い**ということがわかります。さらに、地域別で、製品・サービスの売上などが掲載されていると、より深い分析ができますが、残念ながら情報開示はありませんでした。

　企業によって開示方法が異なるのですべての情報をとることは難しいですが、与えられた情報で仮説を立てながら企業の実態を読み解いてみましょう。数多く練習していくと、イメージがつかみやすくなると思います。

図 1-35　マイクロソフトの国別売上割合

その他
49%

米国
51%

※2022年度

Chapter

2

収益性 企業が
「どれだけ儲けているか」
がわかる7つの指標

決算書から「収益性」「安全性」「成長性」を判断する

いよいよ決算書を使ったメインの経営分析に移りたいと思います。経営分析をするとき、ただやみくもに決算書を眺めているだけでは、いくら時間を費やしても実のある分析はできません。**決算書を読む際には、「絶対に見るべきポイント」があります。**そのポイントとは、BS、PL、CFSに表れる数字から計算された「経営分析指標」です。Chapter 2〜Chapter 4では、その経営分析指標を解説していきます。また、それらの指標に着目して決算書を読むことで、以下のことがわかります。

- 収益性（Chapter 2）
- 安全性（Chapter 3）
- 成長性（Chapter 4）

そして、分析の際、ポイントとなるのは2つの**比較**です。1つは**①同社内における時系列比較**、もう1つは**②同業他社との比較**です。

同社内で過去の業績と比較（①）をすることで、どのような経営の歴史を歩んできたのかがわかるでしょう。歴史の長い企業は、いくつかの転換点があります。その**転換点における戦略と決算書を見比べることで、企業戦略がより立体的に見えるようになる**はずです。

一方で自社の比較ばかりするのではなく、他社はどうなっているかも同時に比較する（②）ことも大切でしょう。**業界ごとに異なる特色も、この比較分析をすることでわかるようになります。**

決算書分析は、まず「収益性」の評価から始める

経営を維持するにはお金がかかります。モノを仕入れたりつくったり、従業員に働いてもらうためにお金を支払ったりする必要があるからです。そのため、経営を維持していくためには、支払うお金を賄えるだけの利益を出さなければいけません。十分な利益を出せない場合、経営は行き詰まることになるのです。

したがって、**決算書を読む際には、まず詳しく知りたい企業が十分な利益を出すことができているかどうか、すなわち収益性を評価することが重要**です。

収益性は、次の2つの視点から考えることができます。

1 投資した資本に対して、どれだけのリターンがあるか
2 企業として経営を維持できる価値を生み出せているか

本書の分析では、収益性を**1**の「**自ら投資した資本に対してのリターン**」と考えていくことにします。時代の変化とともに、企業のビジネスモデルや経営スタイル、取り扱う製品を変えていくことはしばしばあります。たとえ、その業界や企業の詳しい事情を知らなくても、投資した場合の収益性を調べることができれば、企業間比較や時系列での分析が可能になるのです。

収益性を調べるには、次の7つの指標が有効です。

1 営業利益率
2 当期純利益率

3 総資産利益率（ROA）

4 自己資本利益率（ROE）

5 総資産回転率

6 投下資本利益率（ROIC）

7 EBITDA・EBITDAマージン

　それぞれ一長一短があるので、目的に応じて使い分けることができると効率良く分析ができるでしょう。

営業利益率
──「本業」の利益を稼ぐ力

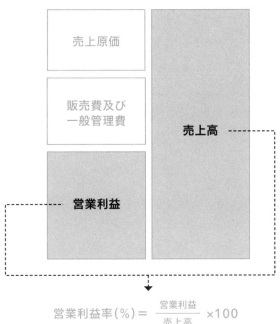

PL

売上原価

販売費及び
一般管理費

売上高

営業利益

$$営業利益率(\%) = \frac{営業利益}{売上高} \times 100$$

使い方 グローバルで投資をする場合でも、本業で稼ぐ力を企業間で比較しやすい指標です。

注意点 短期的に営業利益率を高めるためだけにコスト削減をしても、企業の成長にはつながりません。無駄なコストはなくし、将来の成長に必要なものにはお金を使っていく姿勢が大切です。

営業利益率は
「本業で利益を稼ぐ力」を測る最もシンプルな指標

すでにChapter 1で簡単に触れましたが、まずは**営業利益率（Profit Margin）**について説明します。営業利益率は、企業が「**本業で利益を稼ぐ力」を示す指標**になります。すなわち、この**数値が高ければ高いほど企業は本業で稼いだことがわかる**のです。

また、この営業利益率は、**パーセント表示なので、対象企業の規模が異なっていても比較をすることが可能**になります。

Case Study

インテル vs AMD
── 営業利益率が示すAMDの「2つの谷」と復活劇

ここでは、**インテル（Intel Corporation）**と**AMD（Advanced Micro Devices, Inc.）**の決算書を題材に、営業利益率の比較分析をおこないます。

両社ともに、**パソコンなどに使われているCPUを製造する国際的なメーカー**です。インテルは「インテル入ってる？」のCMで有名です。一方のAMDはあまり聞いたことがないという方もいるでしょう。じつは、ここ最近のパソコンにはAMDのCPUが使われている製品も多いのです。皆さんがお使いのノートパソコンを開けていただき、キーボードの下部に貼られたシールに書かれている文字を確認してみてください。RyzenもしくはAMDと書かれていれば、AMD製のCPUを使用しているとわかります。

さて、両社にはどのような利益率の違いがあるのでしょうか。両

図 2-1　インテルと AMD の PL

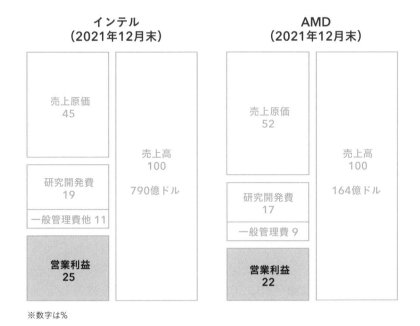

インテル
（2021年12月末）

売上原価
45

研究開発費
19

一般管理費他 11

営業利益
25

売上高
100

790億ドル

AMD
（2021年12月末）

売上原価
52

研究開発費
17

一般管理費 9

営業利益
22

売上高
100

164億ドル

※数字は%

社の PL を見ながら分析してみましょう（図2-1）。

　売上高を見てみると、インテルは AMD と比較して、約5倍も大きな規模になります。しかしながら、**各コスト項目を比率で見ると、売上原価、研究開発費、販売費及び一般管理費など、そこまで大きな違いはない**ことがわかります。**営業利益率は、インテルが25%、AMDは22%**となりました。

　ただ、この分析だけでは瞬間風速を測ったに過ぎないので、2社の営業利益率を時系列で見てみたいと思います。図2-2は、インテルと AMD の営業利益率が、2009年から2022年までの14年間にわたり、どう推移したかを示すグラフです。

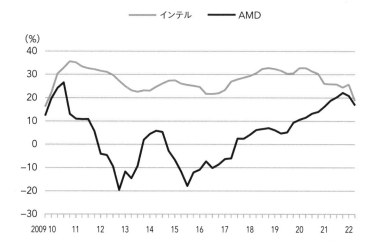

図2-2　**インテルとAMDの営業利益率の推移**

インテル　　　AMD

インテルは安定的に**30％前後の営業利益率を維持しているのに
対して、AMDは上下運動を繰り返している**ことがわかります。

　どうして、AMDの営業利益率は安定しなかったのでしょうか。
AMDは2009年ぐらいまでは、サーバー市場でシェアを拡大させ
て売上を伸ばしていました。個人向けPCのCPUよりも高単価な
サーバー市場での売上拡大が、AMDの営業利益率を押し上げてい
たのです。しかし、**2010年に発売したハイエンド向けのCPUの
性能が悪く、それが原因で売上が不調となってしまい、サーバー市
場での利益を吹き飛ばす結果**となったわけです。

　その後2012年、のちにCEOになるリサ・スー氏が入社。AMD
のコア技術に着手し、低価格でインテルを上回る性能のCPUを開
発したことで、一時期業績は回復したものの、AMDのコアセグメ
ントである“コンピューター＆グラフィック”の売上低迷で、営業

利益率が改善しない事態となりました。しかし、その後**需要増加に合わせて平均販売価格を上昇させることに成功して、2017年には営業利益率をプラスに転換させています。**

　これらの歴史をひも解き、そしてグラフと照らし合わせると、過去の2つのイベントが見事にマッチしていることがわかります。その企業が儲けているかどうかを判断するときには、**瞬間的な利益率だけではなく、ライバル会社と時系列で利益率を比較してみると、その違いが浮かび上がってくる**ことがあります。

当期純利益率
——「企業全体」の利益を稼ぐ力

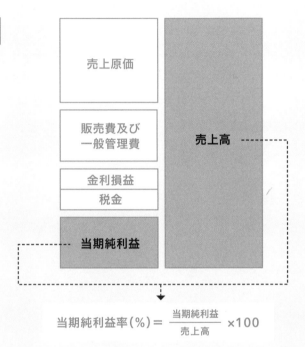

PL

売上原価

販売費及び
一般管理費

金利損益

税金

当期純利益

売上高

$$当期純利益率(\%) = \frac{当期純利益}{売上高} \times 100$$

使い方　この指標に注目するのは、経営陣や株式投資家などです。その理由は、純利益が増加（減少）すれば、自己資本や配当の支払いに影響があるためです。

注意点　この指標は法人税を支払った後に残る利益を指しますが、あまりにも高い数値になっている場合、極端な節税をして捻出した結果の高利益率である可能性もあります。違法な節税は問題外ですが、たとえ合法であっても度が過ぎた場合には規制当局から目をつけられることもあります。

当期純利益率は「利益を稼ぐ総合力」を示す指標

Section 1で解説した営業利益率は、企業の「本業で稼ぐ力」を把握するために頻繁に使う指標になりますが、このセクションで取り上げる**当期純利益率**もしくは**純利益率（Net Margin）**は、また違った目的で良く使われる指標になります。

当期純利益率は、「企業の総合的な稼ぐ力」を理解するために使う指標です。総合的な稼ぐ力とは、本業だけでなく本業以外の収益や損失を含めた稼ぐ力を表します。本業以外の損益とは、金利などのことを指します。他にも、企業内の部門をスピンオフした場合には、売却による収益を得ることができるので、これも本業以外の収益となります。

また、成長のために金融機関からお金を借りることもありますが、その際の金利支払いは営業外損失に計上されます。これらは、営業活動によって得られるような、再現性のある損益ではないという理由で、営業外損益として取り扱われます。

このことから、**当期純利益率とは、企業の本業での稼ぐ力だけでなく企業の持つ資本をすべて使った場合の、総合的な稼ぐ力**と考えることができます。

Case Study

アップル
── CEOの交代でアップルの「稼ぐ力」は変化したか

当期純利益率を使ってアップルの新旧CEO（スティーブ・ジョブズとティム・クック）の比較をおこなってみます。

一時は経営危機状態だったアップルは、スティーブ・ジョブズに
よって見事に復活を果たしました。スティーブ・ジョブズはまさに
アップルにとって救世主だったわけです。図2-3を見ると、1990
年代半ばから売上が低位で推移していたアップルが、ジョブズ復帰
から徐々に息を吹き返していく様子が見て取れると思います。

　通常、**売上高が低位な状態から増加した場合、増加率の値は大き
くなる**傾向があります。すなわち、**成長の初期段階であれば利益率
も大きくなる**のが一般的なのです。そして、**徐々に企業規模が大き
くなると、その分だけ売上成長の増加幅は小さくなり、利益率は低
位に落ち着いてくる**ものです。

　では、スティーブ・ジョブズの経営によって企業規模が大きく
なったアップルは、ティム・クックの経営になったことで、利益率
は落ちたのでしょうか？

図 2-3　**アップルの売上高推移**

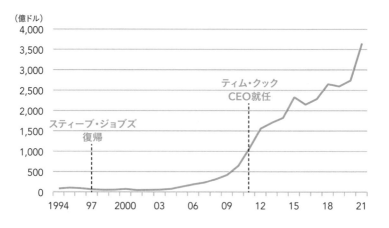

図2-4は、各CEOの最後の5年間のパフォーマンス（粗利益率、営業利益率、純利益率）を比較したものになります。粗利益率とは、売上高から売上原価を差し引いた数値を売上高で割った指標です。

　結果、ジョブズからアップルを受け継いだ**ティム・クックは、アップルの売上規模が拡大しても、粗利益率・営業利益率・純利益率すべての面でジョブズを上回る業績をあげていました。**

　ティム・クックがこのような偉業を達成できた理由は2つ考えられます。1つは**良好なマーケット環境を追い風に主たる事業で売上を伸ばしたこと、**もう1つは**ジョブズ時代よりも効率的なコスト管理をおこなうことで粗利益率・営業利益率を向上させた**ことです。主事業に注力すると同時に、それ以外の事業においても徹底的な収益管理をしてきた成果が、企業の総合力を示す純利益率に表れたの

図 2-4　**アップルの粗利益率・営業利益率・純利益率の比較（5年平均）**

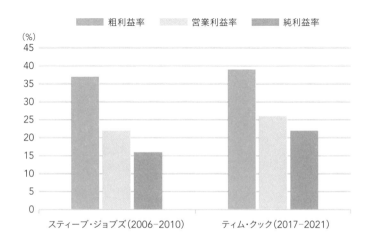

です。

　ジョブズが持っていたビジョンを吹き込んで土台をつくり、クックが最適な方法で市場を拡大させたことが、いまのアップルの圧倒的なパフォーマンスにつながったといえるでしょう。

3 総資産利益率（ROA）
——「経営者の資質」を測る

BS		PL	
総資産	流動負債		売上原価
	固定負債		販売費及び一般管理費
	自己資本		税金
			当期純利益

$$\text{ROA}(\%) = \frac{\text{当期純利益}}{\text{総資産（平均）}} \times 100$$

使い方　ROAは経営者が特に気にする指標です。保有する資産をいかに効率良く利用して利益を出しているかが見るポイントになります。

注意点　総資産に、現金等流動性が高い資産が多く計上されている場合は注意が必要です。現金は有事の場合の蓄えという意味もありますが、保有するだけでは何も生み出さないため、ROAが低くなる傾向にあります。

「企業視点」と「株主視点」、2つの利益率

営業利益率と当期純利益率は、PLに書かれている数字だけを使って求められる指標でしたが、収益性を測る指標には、PLとBSを組み合わせることで求めることができるものも存在します。

それが、**総資産利益率（ROA）**と**自己資本利益率（ROE）**です。図2-5は2つの利益率の考え方を表しています。

企業がお金を調達するときには、「**銀行から借入をする場合**」と「**投資家がお金を拠出する場合**」の2つがあり、それらを元手に事業経営に使うための資産に変えます。

そこから得られるリターンがあるわけですが、そのリターンには2つ

図2-5　**2つの利益率の考え方**

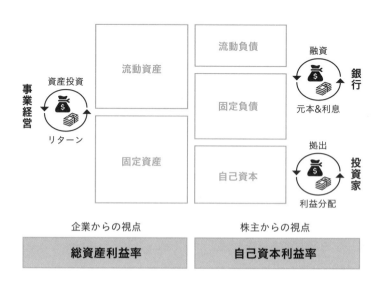

の視点が含まれていることに注意が必要です。1つ目が、**企業からの視点で、事業全体に投資した資産がどれだけのリターンを生んだかを表す総資産利益率**。もう1つが、**株主からの視点で、拠出したお金でどれだけのリターンを生んだかを表す自己資本利益率**になります。

ROAは「経営者の資質」を測る指標

まず、総資産利益率を説明していきます。**総資産利益率は、別名ROA（Return On Asset）と呼ばれます**。分子は当期純利益から営業利益に代えて計算することも可能です。また分母の総資産は期首と期末の金額を平均したものです。断りがない限りBSの数値はこのように平均値であると考えてください。

ROAがなぜ企業からの視点で大切なのかというと、**BSの左側に表示される資産を使って、どれだけの税引後利益を生み出すことができたかを表す指標**だからです。

ROAは、いかに保有する経営資源を有効に活用して成果を出したのかを表しています。同じ資源があったとしても、経営者によってまったく異なる結果が出てくるのが経営の世界です。ROAが高くなるような優秀な経営者は多くの利益を生み出せる一方、ROAが低くなる経営者はわずかな利益しかあげられないのです。このように、**経営者の資質を測るという意味でROAの比較は有効**です。

これを応用すると、事業部制やカンパニー制を採用している企業の各責任者を評価する際にも有効になります。

アンダーアーマー vs リーバイ・ストラウス
── 同レベルの総資産でも明暗分かれた結果に

それではROAの具体例を挙げていきましょう。アパレルブランド2社を比較してみたいと思います。1つは**アンダーアーマー（Under Amour, Inc.）**、もう1つがリーバイスジーンズで有名な**リーバイ・ストラウス（Levi Strauss & Co.）**です。

2社を選んだ理由は、同じアパレル業界という点と、総資産規模が同じレベルで推移している点などで、共通項が多く、比較しやすいためです。総資産という経営資本をもとに各企業の経営者はどれほどの手腕を振るったのでしょうか？

まず、各企業の2021年度決算書内から必要な情報を抜き取ると、図2-6のようになります。

アンダーアーマーのROAは7.2％、リーバイ・ストラウスのROAは9.6％と、2021年度におけるROAの比較はリーバイ・ストラウスに軍配が上がりました。しかし、これだけで両社の優劣を決めてはいけません。というのも、**1年だけの瞬間風速のような数値だけで、本質的な経営成績の良し悪しを判断することは難しい**からです。

2社のROAが時系列でどのように推移してきたかも確認しておきましょう。するとおもしろい結果が見えてきました。図2-7を確認してみます。

図 2-6　アンダーアーマーとリーバイ・ストラウスの ROA 比較

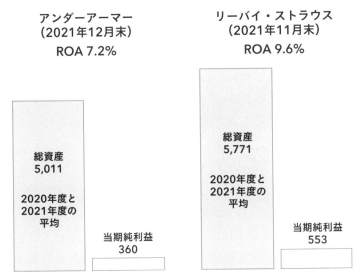

アンダーアーマー
（2021年12月末）
ROA 7.2%

リーバイ・ストラウス
（2021年11月末）
ROA 9.6%

総資産
5,011

2020年度と
2021年度の
平均

当期純利益
360

総資産
5,771

2020年度と
2021年度の
平均

当期純利益
553

単位：百万ドル

図 2-7　アンダーアーマーとリーバイ・ストラウスの ROA 推移

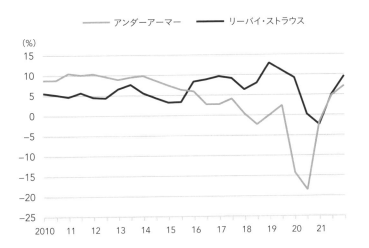

2015年まではアンダーアーマーのROAは、リーバイ・ストラウスを上回っていましたが、それ以降、下降し続けており、**COVID-19の影響でさらに状況が悪化した**ことがグラフから読み取れるでしょう。**2021年度時点のROAは7.2％と比較的良い数字**を残していましたが、これは**2020年に大胆な減損処理（設備やリース等）をおこなったことによる反動であり、四半期ベースでROAを計算するとまだ完全に回復した数値ではない**ことがわかります。

　アンダーアーマーは売上成長が鈍化した際、挽回のためブランド力低下を招くような拡販戦略を実行しました。その結果、顧客離れが加速し、価格競争に巻き込まれるようになってしまいました。これが2016年以降のROA低下の主な原因だったと思われます。

　一方で、リーバイ・ストラウスは2015年を機にROAを上昇させ、COVID-19により一時ROAはマイナスになりましたが、見事に復活させています。

　2011年からCEOを務めてきたチップ・バーグは、**ブランド維持と適切な在庫管理をおこない、最近ではAIを取り入れた店舗需要予測などを積極的に取り入れてリーバイ・ストラウスのROAを高く保持**してきました。

　同じレベルの総資産を持ちながら、ここまでの差が出てきてしまったのは経営者の能力の差が出たものかもしれません。もちろん、資産の中身が異なるので、必ずしもROAで経営者の能力を絶対的に比較できるわけではありませんが、企業比較をするうえでは1つの参考指標となることでしょう。

ROAの計算に純利益ではなく営業利益を使う場合

Section 3では、ROAの計算方法とその説明をしましたが、計算内の当期純利益に代わって、営業利益を使う場合があります。その理由は、**主たる事業からのリターンを求めることで、異なる視点から企業の収益状態を判断できるため**です。

企業は、ビジネスをするうえで、投資有価証券のようなその主たる事業とは関係のない資産などを保有することがあります。主たる事業に絞って測った価値を「事業価値」、また事業とは関係がない「非事業資産」を加えた価値を「企業価値」と呼びますが、「事業価値」だけで測りたいときには営業利益を使いROAを計算するのです。

自己資本利益率（ROE）
―― 投資家が得る「リターン」を測る

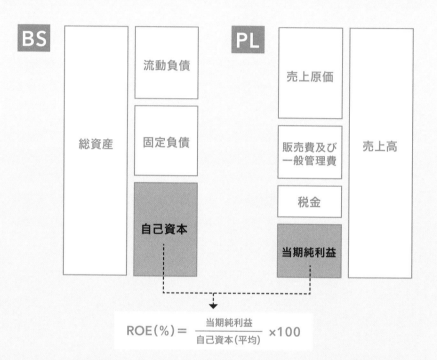

ROE（%）＝ $\dfrac{\text{当期純利益}}{\text{自己資本（平均）}}$ ×100

使い方 この指標は、主に投資家がチェックするものです。株主の持ち分である自己資本に対する利益の大きさを確認できます。新規や追加で投資をするときにも、利益の割合を確認できるところがポイントです。

注意点 特別な要因で、ROEが上下動することもあります。そのため、企業の業績は単年度だけでなく、時系列データも使って調べることが大切です。

ROEは「株の利回り」を示す指標

次に自己資本利益率について解説していきましょう。**自己資本利益率は、ROE（Return On Equity）と呼ばれます。**

このROEがなぜ株主からの視点で大切なのかというと、**株主の持ち分である自己資本に対し、どれだけの税引後利益を生み出すことができたかを表す指標**だからです。すなわち**株の利回り**と考えることができるでしょう。

会社は株主の所有物である、と考えた場合、当期純利益は株主の利益と考えることができます。 Chapter 1のBSの箇所で紹介した、自己資本の中身である、株主が払い込んだ「資本金」や「資本剰余金」、そして会社設立からためてきた「利益剰余金」もすべて株主のものと考えるのです。

ROEが高いということは、企業の所有者である株主にとって、少ない出資額で多くの利益を生んでくれたということで、投資価値の高い会社であると判断できるわけです。

Case Study

ハインツ vs ケロッグ
—— バフェットすら予想できなかったハインツのROEの暴落

それではROEの具体例を挙げていきましょう。ここでは、食品メーカー2社を比較してみたいと思います。1つは、**クラフトハインツ（The Kraft Heinz Company）**、もう1つがコーンフレークで有名な**ケロッグ（Kellogg Company）**です。

じつは、かの有名なウォーレン・バフェットはハインツに投資を
しているのですが、ケロッグには投資をしていません。**投資家の立**
場から考えると、ROEが高いほうに投資したいと思うはずです。
では、ハインツのROEのほうが高いということなのでしょうか。
比較をして確認してみましょう。図2-8は2021年度決算書内から
必要な情報を抜き取ったイメージになります。

　ハインツのROEは2.1%、ケロッグのROEは38%と、予測を裏
切ってケロッグに軍配が上がりました。それも約20倍とかなりの
差があります。

　ただ、今回の場合も**決算時期にたまたま出てきた瞬間風速的な数**

図 2-8　ハインツとケロッグの ROE 比較

単位：百万ドル
※総資産と自己資本は2020年度と2021年度の平均

字かもしれないため、**過去からの推移とともに分析することが大切**です。図2-9は過去10年間における2社のROE推移を表したものです。

　10年ほど前、ハインツはケロッグと同じレベルのROEを保持していましたが、2013年から急激に低下してしまったことがわかります。この原因はなんでしょうか？

　2つの原因が挙げられます。1つ目の原因は**不正会計**です。ハインツは**2015年から2018年にかけて、コスト削減があたかも実現したかのように報告していました**。この不正会計が発覚し、**情報訂正がおこなわれ利益が消失してしまった**のです。当然、これは当期純利益を押し下げてしまいました。

　2つ目の原因が、2018年における「**のれん」の減損処理**です。の

図 2-9　**ハインツとケロッグの ROE 推移**

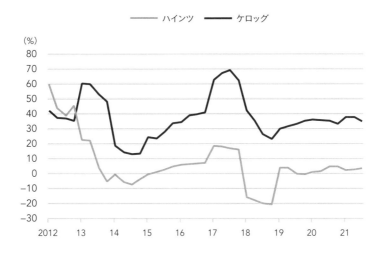

れんを簡単に説明すると、いわゆる買収をおこなうことで、目に見えない「資産価値」（例えば、技術力、特許、資産力など）を無形固定資産として計上できるというものです。

　ハインツはかつて多くの買収をおこない、のれんとして多額の無形固定資産を計上していました。ところが買収した企業は加工品を中心とした商品を展開する企業だったため、消費者の健康を志向するトレンドに乗り遅れてしまったのです。その結果、**2018年、そののれん価値がなくなってしまったとして、減損処理をおこないました**。これもまた、ハインツの利益を押し下げる原因になったわけです。

　ちなみに、ROEはデュポン式という分解式を利用すると、さらに深く企業の特徴を知ることができます。しかしながら、これは応用部分になってくるので、巻末付録❶で解説していきたいと思います。

5 総資産回転率
── 企業の保有する「資産の効率性」を測る

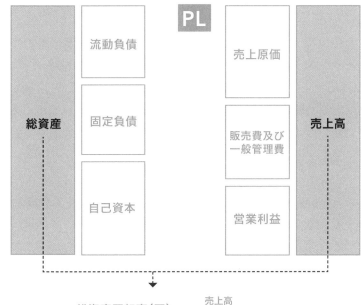

$$総資産回転率（回）= \frac{売上高}{総資産（平均）}$$

使い方　この指標は、経営者や投資家が見るものです。ある額の売上を
あげるために利用した資産が小さければ、それだけ効率良く稼
いだと考えることができるでしょう。この資産の効率性を可視
化できるところが総資産回転率のポイントです。

注意点　総資産回転率は、特に業種やビジネスモデルによって大きさが
異なります。例えば、ビジネスモデル上、多額の資産を保有し
なければいけないインフラ系のビジネスの場合、数値が低くな
る傾向になるのです。

総資産回転率は
「経営資源をどれだけ上手に使えたか」を示す指標

　次に総資産回転率について解説していきましょう。Section 3で説明したROAは図2-10のように2つの指標に分解することができます。

　右辺の第一項がSection 2で解説した**当期純利益率**、そして第二項が本セクションで取り上げる**総資産回転率（Assets Turnover）**になります。

　総資産回転率は、経営資源である資産をどれぐらいうまく売上につなげたかを示す指標になります。言い換えると、資産を使って資産の何回分の売上を達成できたかを分析するわけです。

　ただし、**この指標を分析する際には、業種によって数値が大きく変わってくることに注意**する必要があります。例えば、製造業の場合には工場や設備の規模が大きくなります。それに応じて分母が大きくなるため、総資産回転率は低くなる傾向にあります。一方で、卸売業や飲食業の場合だと資産をたくさん保有するより、回転を速めて売上につなげていくビジネスモデルになります。すると分母が小さくなるため、総資産回転率は高くなりやすいのです。

図 2-10　**ROA はさらに 2 つの指標に分解できる**

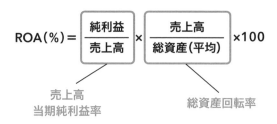

ここでは、いくつかの業種に分けて総資産回転率を比較してみたいと思います。

Case Study **1**

ドミノピザ vs マクドナルド
―― 総資産回転率で浮き上がるビジネスモデルの違い

　飲食業の事例として、**ドミノピザ（Domino's Pizza, Inc.）**と**マクドナルド（McDonald's Corporation）**を比較してみます。2社の総資産回転率を時系列で調べたところ図2-11のようになりました。

　同じ飲食業なのにもかかわらず、2社の数値には大きな違いがあることがわかります。これはどうしてでしょうか？

　まず、ドミノピザは飲食業ですが、宅配サービスが中心のビジネ

図 2-11　**ドミノピザとマクドナルドの総資産回転率推移**

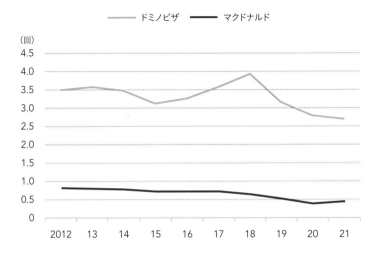

（収益性）企業が「どれだけ儲けているか」がわかる7つの指標

Chapter 2

スになるため、なるべく**設備や店舗などを小さくして効率良く売上をあげることが大切**になります。そのため**分母の総資産は小さく保たれるため、グラフが表すとおりの高い総資産回転率となります。**

　一方でマクドナルドは、**店舗をテコに収益をあげるビジネスのため分母の総資産は大きくなり、総資産回転率は低くなる**のです。

　ビジネスモデルの違いは、両社のBSを比較するとわかります（図2-12）。**マクドナルドはドミノピザに比べて約2.5倍の有形固定資産を保有しています。**設備や店舗、土地などは、有形固定資産として表記されますので、それだけマクドナルドは店舗などを保有しているのです。

図 2-12　マクドナルドとドミノピザの BS（資産サイド）

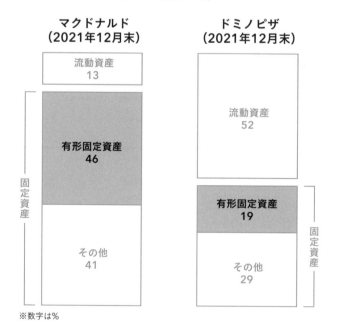

※数字は%

しかし、この2.5倍の差というのは、ドミノピザの店舗面積が相対的に小さいというだけで説明できるものではありません。じつは、**マクドナルドはフランチャイズ経営という形で不動産業を営んでいる**企業でもあるため、有形固定資産の占める割合が高くなっているのです。

　マクドナルドが保有する店舗の多くはフランチャイズとして貸し出されており、全店舗数のうち90%以上に及びます。この店舗（不動産）貸出の賃料収入でマクドナルドは稼いでいるのです。フランチャイズからの収入内訳を見ると、なんと収入全体の**約65%が家賃収入**で占められています。これが、マクドナルドが有形固定資産を高い割合で持つ理由なのです。

Case Study **2**

ボーイング vs ロッキードマーティン
── 旅行需要の減少に対する耐久力の差

　次に紹介するのが、軍事関連の航空機（戦闘機等）を製造する**ボーイング（The Boeing Company）**と**ロッキードマーティン（Lockheed Martin Corporation）**です。

　ボーイングは世界最大の民間航空機の製造企業ですが、COVID-19の影響を受け民間航空機の売上は1/3ほどに縮小してしまいました。そんな中、軍事戦闘機の売上は安定しており、現在売上全体の45%近くを占め、ボーイングを支える柱になっています。一方のロッキードマーティンは、以前から主に戦闘機等軍事関連機器を製造する企業であり、売上のうち約80%が軍事関連です。この2社は、取り扱う商品や資産規模は異なるのですが、時価総額の

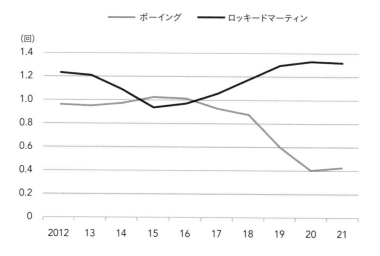

図 2-13　**ボーイングとロッキードマーティンの総資産回転率推移**

大きさが似ており、同じ業種として取り扱われることが多いです。2社の総資産回転率の推移は図2-13のようになりました。

　こちらも同じ業種にもかかわらず、ここ数年で数値に差が出てきているわけですが、これはどうしてなのでしょうか？

　これはまさに両社のビジネスモデルの違いが影響しています。**COVID-19の影響で旅行需要が激減し、前述のとおりボーイングの民間航空機の売上は1/3へと減少**しました。一方で、**ロッキードマーティンの軍事戦闘機の需要は毎年一定の売上を出していた**ことが、図2-14のグラフから推察できます。

　ただ、総資産回転率にここまでの差が出てしまったことは、売上高だけが原因ではありません。じつは、**総資産の変動も大きく影響していた**のです。

図 2-14　ボーイングとロッキードマーティンの売上高推移

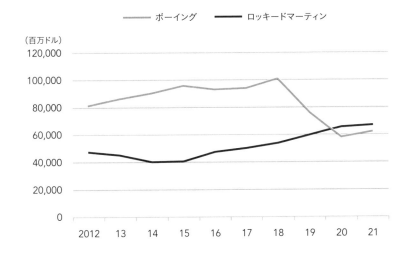

図 2-15　ボーイングとロッキードマーティンの総資産推移

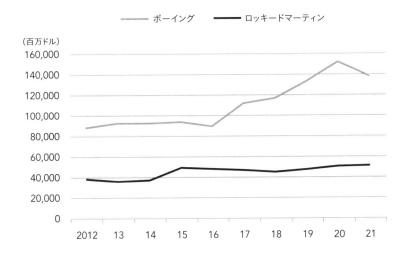

　図2-15を見ると、**ロッキードマーティンの資産がさほど変化し
ていない一方で、ボーイングはここ5年で総資産が約1.5倍に膨れ**

ていることがわかります。

BSの中身をのぞいてみると、**ボーイングの流動資産がロッキードマーティンと比べて2倍**であることがわかります（図2-16）。そして、この差の原因は、**ボーイングの在庫の増加**によるものなのです。それに対し、ロッキードマーティンは軍需関連機器が主軸のため、すべての受注は特別仕様となります。そのため、**相対的に在庫が少なくなる**のです。

ちなみに、ロッキードマーティンの固定資産内「その他」項目が、BS全体の約半分を占めていますが、これは多額ののれんと無

図 2-16 **ボーイングとロッキードマーチンの BS（資産サイド）**

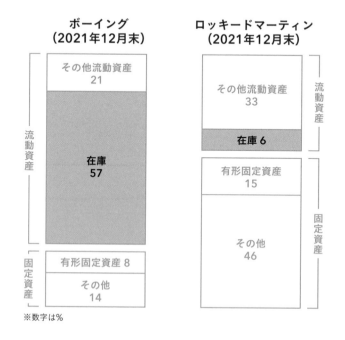

形固定資産を計上しているためです。

　のれんは買収時に特別に払ったプレミアム価値のことです。一方で、**ブランドは、買収したことで得ることができる価値を知的資産として計上したもの**になります。例えば、他社のブランド名を得たことによって、売上をさらに向上させる可能性があります。それをブランド資産としてBSに計上したと考えると良いでしょう。

Case Study **3**

マリオット vs ヒルトン
―― マリオットの総資産回転率が急激に悪化した原因

　最後に紹介するのがホテル業である**マリオット（Marriott International, Inc.）**と**ヒルトン（Hilton Worldwide Holdings Inc.）**の総資産回転率です。

　図2-17を見ると、**ヒルトンの総資産回転率は10年前から比較的安定的に推移していることがわかりますが、マリオットは2016年に一気に悪化して近年では1を切るほどまでになっています。**

　2015年から2016年の間にマリオットに何があったのでしょうか。2015年度と2016年度のマリオットのBS内の資産を比較すると、表2-1のようになっていました。

　ブランドとのれんの数値がそれぞれ33倍、8倍と1年で急上昇しています。この急上昇は、この年にマリオットが買収した**スターウッド（Starwood Hotels and Resorts）**の資産が加算されたことによるものです。

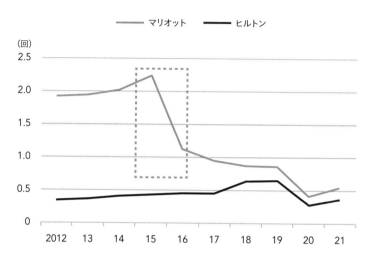

図 2-17　**マリオットとヒルトンの総資産回転率推移**

表 2-1　**2015 年と 2016 年のマリオットの資産内訳**

	2015	2016	
流動資産	1,384	3,371	
有形固定資産	1,029	2,335	
無形固定資産			
ブランド	197	6,509	33倍
契約取得コスト	1,254	2,761	
のれん	943	7,598	8倍

単位：百万ドル

　スターウッドを買収したことでのれんとブランドが増加し、分母の資産が大きくなったことがマリオットの急激な総資産回転率悪化の原因と考えられます。

投下資本利益率（ROIC）
——「事業ごと」の投資効率を測る

| BS | | | PL | | |

- BS: 総資産 ／ 投下資本
- PL: 売上原価、販売費及び一般管理費、営業利益 ／ 売上高

$$\text{ROIC}(\%) = \frac{\text{営業利益}}{\text{投下資本（平均）}} \times 100$$

使い方 この指標を見るのは、主に株主や債権者（銀行や社債投資家）です。これら出資者たちの出資資金が、どれほどの事業利益を生み出しているかを確認できるところがポイントです。

注意点 ROAやROEで用いる資本が簿価ベースであるのに対し、ROICの場合は時価ベースなので注意が必要です。

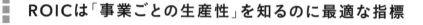

ROICは「事業ごとの生産性」を知るのに最適な指標

　ここでは、**投下資本利益率**を説明していきましょう。投下資本利益率は、別名**ROIC（Return On Invested Capital）**と呼ばれます。以降ではROIC（ロイック）と呼ぶこととします。

　ROICは、企業が投下した資本が生み出した利益の割合を示しています。ROICは比較的新しく出てきた指標のため、あまりなじみがない方も多いかと思います。一方で、**最近では日本企業でも経営目標の1つとして設定しているところもあり、重要視されるようになってきた指標**でもあるのです。では、どうしてROICが必要なのでしょうか。ROAやROEでは不十分なのでしょうか。

　ROAやROEと同様に、企業側と株主（投資家）側からの両方の視点で、なぜROICがいま注目されるのかを説明していきましょう。

　まずは**企業側の視点**から説明していきましょう。ROICにスポットライトがあたる理由は、**昨今の企業のグローバル化もあり、事業が細分化されていること**にあります。

　事業が細かく分かれているのに、事業全体によるパフォーマンスを測るだけだと、予算等のリソース配分があてずっぽうになってしまいます。各事業のパフォーマンスデータをベースにリソース配分をおこない、より最適な事業経営をおこなうため、**特定の事業が「投下した資本（≒調達した資金）を使ってどれだけ稼げるのか？」を測る指標、すなわちROICが重要視されるようになった**のです（図2-18）。

　次に、**株主（投資家）目線**から説明していきましょう。ROICとROA

図 2-18　ROIC を使えば各事業を正確に評価できる

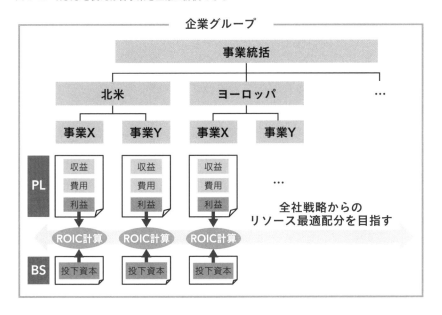

は考え方が近い指標です。ROA は企業全体の資産でどれだけ稼げるのかを表す指標でした。ただ、**ROAの問題は事業との関係がない資産の影響が含まれてしまうこと**です。

　例えば、現預金等を多く保有している企業は、総資産だけが膨らんでしまうため、相対的にROAは悪化してしまうでしょう。これでは、投資家は正しい判断をすることができません。そのため事業と関係がない資産をあらかじめ排除して計算をするROICが注目されるのです。

　ここで、ROIC と ROEの違いも説明しておきます。ROEは株主が出資したお金でどれだけ稼げるのかを表す指標です。**ROEはあくまでも株主からの視点で求めた投資指標であるため、事業自体の稼ぐ力を判断する指標としては適切ではない**のです。

企業の資金調達方法を他人資本（借入）にするか、自己資本（株式）にするかは、たんにその企業の財務戦略によるものであって、事業自体の稼ぐ力とは直接関係ありません。そのため、同じビジネスであっても、借入で多くの資金を調達している企業の場合は、分母の自己資本が小さくなるためROEが上昇してしまうでしょう。そのため、ROEは事業の稼ぐ力を判断する指標としては十分ではないのです。

　この問題を解決するのがROICです。ROICは資金調達サイドに着目して、有利子負債と自己資本の合計を投下資本とするため、**資本構成の影響を排除して、事業の稼ぐ力を評価することができる**のです。

2種類の「投下資本」

　ここで、計算式の分母の「**投下資本**」をどのように定義すれば良いか話しておきましょう。じつは**投下資本には、正式な定義があるわけではありません**。そのため、アプローチによっては計算結果が微妙に異なる場合があります。その計算方法は大まかに2つに分類されていて、1つがBSの「**資産サイド**」から考えた計算、そしてもう1つが「**調達サイド**」から考えた計算になります。

　まず、資産サイドから考えた場合の投下資本です（図2-19）。この場合は、「**運転資本＋固定資産**」で表すことができます。この計算の背景には、**明らかに事業とは関係がなさそうな項目については、総資産から取り除くべき**という考え方があります。そして残額を、事業に直接かかわる投下資本として考えるわけです。そのため、資産サイドから考えた場合の投下資本は、「**金融資産**」（投資その他）は事業とは関係ないモノとして控除し、また仕入債務を取り除いて求めます。

図 2-19　**資産サイドから見た投下資本**

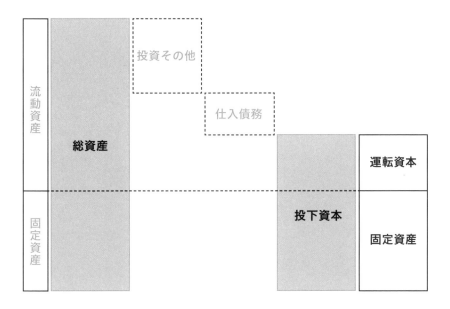

次に、調達サイドから考えたときの投下資本を説明していきましょう（図2-20）。調達サイドからの投下資本は、「**自己資本＋有利子負債**」で表すことができます。調達側の自己資本と有利子負債が、資産側の固定資産と運転資本に形を変えたと考えます。調達側と運用側がイコールと考えて、そこから営業利益を生み出すと考えるわけです。

　ここでチェックしておきたいのが、利子が発生しない負債項目の存在です。代表的なものが仕入債務なのですが、それらを取り除いたものを投下資本としなければなりません。

　仕入債務を投下資本の計算時に排除する理由を説明しておきましょう。例えば、企業が仕入先に対して交渉力を持っている場合、支払サイト（期間）を長くすることが可能になります。すると、一定期間自由に

図 2-20 　調達サイドから見た投下資本

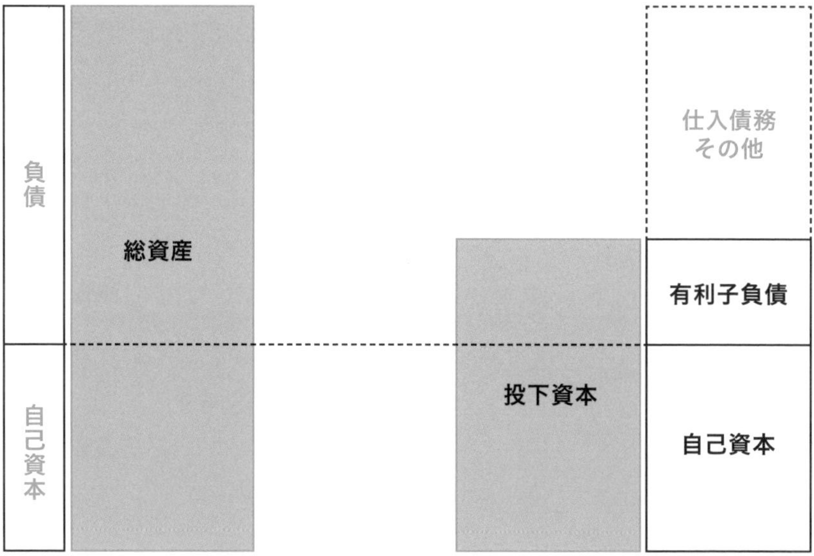

(図内のラベル)

負債

自己資本

総資産

投下資本

仕入債務その他

有利子負債

自己資本

使えるキャッシュがあるため、企業にとっては優位に働きます。一方で、支払サイトを長くしてしまうと、仕入債務は残り続けるため、総資産が増えて ROA を悪化させることにつながるわけです。

　一方で ROIC は、投下資本の計算で事業とは直接関係ない資産項目と仕入債務を控除するため、実質的な事業の実力を評価できることになるのです。

　「資産サイド」と「調達サイド」の2つの投下資本の計算方法を解説しましたが、**実際に使用されることが多いのは資産サイドの投下資本**です。**資産側から見た投下資本は、決算書から計算することができ、分析がしやすい**ためです。対照的に調達サイドの投下資本は、理論上の話で、あまり実務的に使うことがありません。というのも、各事業「ご

と」の有利子負債や自己資本を求めることは難しいからです。

　次に、資産側からの投下資本を使ったROICの具体例を挙げてみたいと思います。

Case Study

GAFAM
── 世界最大のIT企業間の違いが浮き彫りに

　今回はGAFAMのROIC推移を分析してみました。各社の事業は複数の分野にまたがっているので、必ずしもROIC分析から適切なリソース分析ができるわけではありません。しかし、決算書からわかる情報を使って、大まかに投下資本からどれぐらいの収益割合になるのかを時系列で分析すると図2-21のような結果となりました。

　アマゾンは一時期ROICがマイナスに陥っていました。アマゾンはGAFAMの中でも利益率が低く、一時は当期純利益がマイナスになっていたことが影響したものだと考えられます。その他の企業は、全般的に上昇傾向にありますが、ここ最近で勢いがあるのがアップルでしょう。**2020年から2022年まで倍近くの伸びになって**います。

　昨今ではROIC重視の経営が製造業中心に多くなってきていますが、その理由は明確で、**ROICの計算式を分解していくと、さまざまな施策を打ち出すことができるから**です。特に分母の投下資本部分については、運転資本である売掛債権、在庫、仕入債務などの回転率や回収期間などを改善することでROICも改善し、また有形固

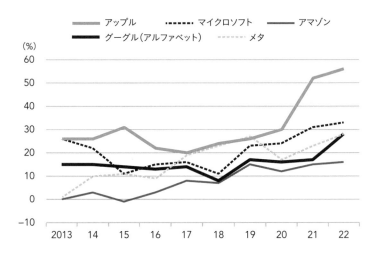

図 2-21　**GAFAM の ROIC 推移**

定資産や無形固定資産なども必要な資源と無駄な資源を調整することでROICの改善ができるのです。

EBITDA・EBITDAマージン
―― 企業が「キャッシュで」
　　どれだけ稼いだのかを測る

PL

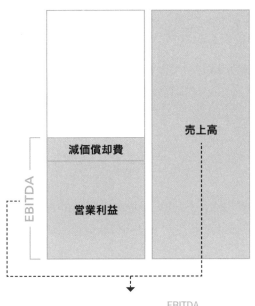

売上高

減価償却費

営業利益

EBITDA

$$\text{EBITDA マージン}(\%) = \frac{\text{EBITDA}}{\text{売上高}} \times 100$$

EBITDA＝営業利益（≒EBIT）＋減価償却費

使い方　この指標を使うことで、会計方針・金利・税制が異なる他国の企業と比較することが可能になります。

注意点　EBITDAの水準は業界やビジネスモデルによって異なります。減価償却をともなう投資が大きい（小さい）ビジネスモデルだと、それだけEBITDAマージンが大きく（小さく）なる場合があるので分析には注意が必要です。

EBITDAは「本業の稼ぐ力」を営業利益率よりも「適切に」示す指標

　次に、収益性分析で企業経営者や投資家が注目している指標が**EBITDA**になります。ここではEBITDAを使って**EBITDAマージン**について解説していきたいと思います。

　一般的には**EBITDAだけで分析するのではなく、何かと掛け合わせたり比較したりすることで使用されます。**まずはEBITDAについて少し解説していきましょう。

　EBITDAは読み方を「イービットダー」と呼びます（人によっては「イービットディーエー」と呼んだりします）。これは英語の**Earnings Before Interest, Taxes, Depreciation and Amortization**の頭文字をとったものです。日本語に訳すと「**利払い前・税引前・減価償却前利益**」になります。

　EBITDAは営業利益に減価償却費を加えることで求めることができます。EBITDAが使われる背景には、**固定資産などの減価償却などの影響で、営業利益が適切に「本業の稼ぐ力」を表していないのではないか、という懸念**があります。

　企業がおこなう投資を考えてみましょう。投資は短期の利益追求のためにおこなうものではなく、長期的な利益獲得を目指して実施するものです。そして、その投資を毎年同規模で実施することはありません。積極的に設備投資をする年もあれば、そうでない年もあるでしょう。ここ数年でアグレッシブに設備投資して、その後に投資を少なくする企業もあるはずです。設備投資だけでなくM&Aも同様でしょう。

その状態で、**減価償却費を控除して営業利益率を計算してしまうと、毎期凸凹な数値が出てきてしまい、適切に本業で稼ぐ力を評価することができなくなります**。だから、EBITDAの"D（Depreciation）"である有形固定資産の減価償却費と、"A（Amortization）"である無形固定資産の減価償却費を足し戻して、償却控除前の利益に調整する必要があるのです。

たまたま直近で積極的な投資をおこなってしまうと、利益を押し下げてしまうため、利益率を悪化させることになります。**成長のための積極的な投資だったのに、営業利益率だけを見てしまうと正しく企業の収益性を判断するのが難しくなってしまうのです。**

図 2-22　**当期純利益の算出までにはさまざまなルールの違いがある**

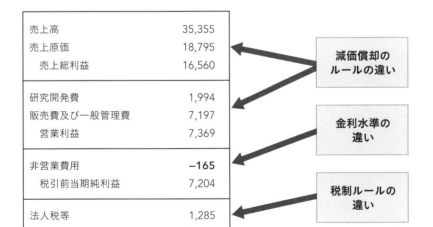

スリーエム（3M）

売上高	35,355
売上原価	18,795
売上総利益	16,560
研究開発費	1,994
販売費及び一般管理費	7,197
営業利益	7,369
非営業費用	−165
税引前当期純利益	7,204
法人税等	1,285
当期純利益	5,921

減価償却の
ルールの違い

金利水準の
違い

税制ルールの
違い

単位：百万ドル
※2021年度

また、視点をグローバル分析にシフトすると、**国ごとに減価償却方法が異なるだけでなく金利水準や税制まで違いが生じてくるので、そうしたギャップを埋めて比較をするためにも EBITDA は使用されます。**

　図2-22はスリーエムのPLですが、**売上から当期純利益を算出する間には、減価償却のルール、金利水準、税制のルールなど国によって異なるさまざまな項目が存在します。**

　このような**各国の制度の違いによる影響を排除し、同じ基準のもとで本業の実力を比較することができるのが EBITDA** であると考えて良いでしょう。

■ EBITDAマージンは
■ EBITDAを比較できる形に修正した指標

　ただし、**EBITDAだけだと、企業の売上規模がそのまま反映されるため、企業間の収益性を測るには適していません。** そこで使うのが**EBITDAマージン**になるわけです。

　以下がEBITDA マージンの求め方になります。

$$\text{EBITDA マージン}(\%) = \frac{\text{EBITDA}}{\text{売上高}} \times 100$$

　営業利益率（Section 1）と似ているのですが、分子をEBITDA に変えることによって、EBITDA マージンを求めることができるのです。

EBITDAマージンを分析することで、有形固定資産や無形固定資産から生じた減価償却費分を除いた営業そのものの実力を測ることができます。こうすることで他社との比較を適切におこなうことができるわけです。

　しかし、このEBITDAマージンはすべての業種業態で効果を発揮するわけではありません。有形固定資産・無形固定資産に限らず、多くの減価償却費の発生をともなう企業が、その主要な事業の正しい収益性を測るために使うわけです。では具体的にどのような企業で使われるのでしょうか。

　まず1つ目の例として、有形固定資産を多く計上している企業が挙げられます。具体的には、不動産、電力、ガス、航空会社、通信などの企業です。これらの企業は大規模な資産をテコに収益をあげるビジネスモデルなので、EBITDAマージンを計算することが一般的なのです。

　もう1つが、投資を先行しておこなう企業です。直近で、投資の計画があれば、当然ここ数年の投資額とその減価償却費が増加することになります。時系列で本業の収益性を評価するうえでも大切な基準になってくるのです。

　また、無形固定資産については、ビジネスモデルにあまり関係ないため、特定の企業を挙げることはできません。ただ注意が必要なのは、海外決算書の場合（IFRSや米国会計基準）だと企業買収によるのれんの減価償却はおこなわれないという点です（日本基準ではのれん償却はおこなわれます）。ただし、のれん以外の無形固定資産については償却されます。例えば、特許権や商標権などが挙げられますが、これらは残存年数に基づいて償却されます。

以下では、有形固定資産を多く計上する設備産業の企業と積極的な設備投資をおこなう企業の2社の決算書を見ていきましょう。

AT&T
——多額の「有形固定資産」を持つ企業の正しい収益性を測る

　まず、米国の代表的な通信会社**AT&T（AT & T Inc.）**のEBITDAマージンと営業利益率を比較していきましょう（図2-23）。AT&Tは、日本のNTTと同じ通信IT企業と考えてください。当然、多くの機器や施設を保有していると想像できますし、それにともなう減価償却費も大きいことを想定してEBITDAマージンを計算していきましょう。図2-23の「差分」とは、EBITDAマージンと営業利益率との差を計算したもので、減価償却費率を表しています。

図 2-23　**AT&T の EBITDA マージン推移**

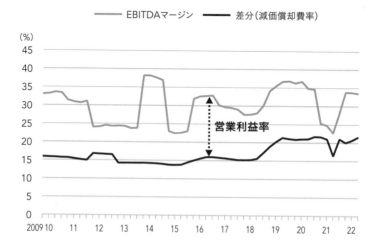

AT&Tは、EBITDAマージンと営業利益率の差分（減価償却費率）が、大体15%近辺で推移していることがわかります。また、EBITDAマージンのグラフと、2つのグラフの間として示されている営業利益率が増減を繰り返している中で、その差分は安定しています。ここから、**AT&Tが常に一定の水準で減価償却をしている**ことが見て取れるでしょう。

Case Study **2**

ネットフリックス
—— 多額の「先行投資」をおこなっている企業の正しい収益性を測る

　次に、設備投資先行型産業を考えていきましょう。ここでは**ネットフリックス（Netflix, Inc.）**を例に挙げています。

　ネットフリックスは、設備投資はもちろん、かなりのコンテンツ投資をおこなってきました。投資すると現金が出ていくことになりますが、ネットフリックスの10K内のキャッシュフロー計算書を見ると、その様子がわかります（表2-2）。

　ここで、通常の設備投資であれば投資CFに掲載されるのですが、**ネットフリックスのコンテンツ投資は直接営業にかかわる現金支出になるので、営業CFに掲載される**ことに注意が必要です。

　ネットフリックスは、AT&Tのような設備投資主導の産業ではありません。しかし、ストリーミングサービスでNO.1をとるために2010年ごろからコンテンツに対して積極的に先行投資をしてきました。そして、キャッシュフロー計算書からは、**多額のコンテンツ資産に投資して、その多くを毎期減価償却している**ことがわかりま

表 2-2 　ネットフリックスの営業 CF 内訳

	2019	2020	2021
営業CF	1,866,916	2,761,395	5,116,228
当期純利益			
コンテンツ資産	−13,916,683	−11,779,284	−17,702,202
コンテンツ負債変化分	−694,011	−757,433	232,898
コンテンツ資産減価償却費	9,216,247	10,806,912	12,230,367
その他減価償却	103,579	115,710	208,412
…	…	…	…

単位：千ドル

図 2-24 　ネットフリックスの EBITDA マージン推移

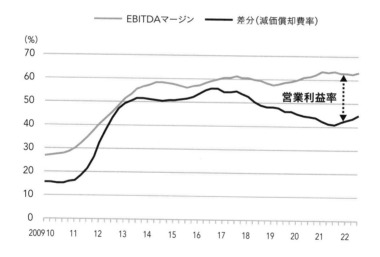

次に、図2-24はネットフリックスのEBITDAマージンの推移と営業利益率との差分（減価償却費率）を示しています。EBITDA

す。

マージンのグラフに迫るほど差分のグラフが接近していることから、**コンテンツという無形固定資産への投資から多額の減価償却費を計上している**ことがわかるでしょう。また、営業利益率がなくなるほどの減価償却費を計上しているのを見ると、どれだけネットフリックスが先行投資していたのかがわかります。

株の割安感を判断するEBITDAの活用法

最後に、海外では**EV/EBITDA**という指標を使って、**株の割安感や企業買収価格の妥当性を判断**したりします。このEVとはEnterprise Valueの略で事業価値のことを指します。企業価値から企業の事業には関係ない資産から生まれた非事業価値を差し引いたもので、以下の式で表すことができます。

EV＝株式時価総額＋ネット有利子負債

株式時価総額とネット有利子負債の計算方法は以下のとおりです。

株式時価総額＝株価×発行株式数
ネット有利子負債＝有利子負債－現預金等

この事業価値をEBITDAで割ることによって、**事業価値がEBITDAの何倍になるのか**を見ることができるわけです。これはすなわち買収した際の時価総額と請け負うべき負債の合計は、EBITDAの何年分で賄えるのかを評価するものなのです。

同業だけど異なるビジネスモデルの企業を分析する

　ここまで、いくつかの指標を紹介してきましたが、最後は少し違う切り口で収益性を分析した事例を紹介していきましょう。

　世の中にはさまざまなビジネスモデルがありますが、**同じサービスと思っていたらじつはビジネスモデルが違うために、異なる決算書内容になる場合があります**。規模の大小があるものの、**決算書内容から彼らの儲け方（ビジネスモデル）を分析するのは大きな学びになります**。

　ここでは、クレジットカード会社の2社を比較してみたいと思います。1つは、**ビザ（Visa Inc.）**、もう1つが**アメリカン・エキスプレス（American Express Company、アメックス）**です。まずはPLを使って2社の違いを比較していきましょう（図2-25）。

　まず意外に思われるのが、**両社の売上高サイズ**の違いでしょう。どちらかというと、Visaのほうが広く使われているイメージがあります。しかし実際の売上高は、**Visaが241億ドル、アメックスが437億ドルとアメックスのほうが圧倒的に大きい**のです。

　しかし営業利益率ではかなりの差があります。**アメックスの営業利益率が25%である一方で、Visaの営業利益率は66%と同じクレジットカード会社とは思えないほどの違い**です。ではなぜ、このような違いが出てくるのでしょうか。じつは**両社はクレジットカード会社とカテゴリーされていますが、それぞれのビジネスの中身はまったく異なるもの**なのです。

図 2-25　Visa とアメックスの PL

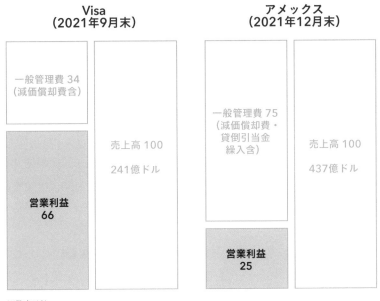

Visa
（2021年9月末）

一般管理費 34
（減価償却費含）

売上高 100

241億ドル

営業利益
66

アメックス
（2021年12月末）

一般管理費 75
（減価償却費・
貸倒引当金
繰入含）

売上高 100

437億ドル

営業利益
25

※数字は％

　では、最初にVisaの10Kから同社のビジネスモデルを読み取ってみ
ましょう。

Visaの特徴①——ネットワーク外部性

　まず、Visaのビジネスモデルを理解するために必要な知識がネット
ワーク外部性になります。**ネットワーク外部性**とは、クレジットカード
会社に共通する特性なのですが、**商品・サービス等のユーザーが増えれ
ば増えるほど、その商品・サービスの価値が高まる現象**を指します。

　例としてわかりやすいのがマイクロソフトのWindowsでしょう。

Windowsが登場すると、多くのメーカーがWindowsを搭載したパソコンを製造するようになりました。ただ、パソコンだけでは一般ユーザーは使えないため、ソフトメーカーがWindows上で動くソフトを売るようになりました。この利便性からユーザーが増加し、ビジネスが拡大していったのです。ユーザーが増えると当然そのビジネスに便乗したい企業は市場に参入しようとします。それがまたユーザーにとっての利便性を向上させるのです。

このようなサイクルが起きることを「ネットワーク外部性が働く」と呼ぶのですが、このような製品やサービスを提供する企業は市場を独占することができます。

Visaの場合、このネットワーク外部性が他社よりも強いことが知られています。Visaの10K Part 1 ITEM 1 "Business" 内に記載されている他クレジットカード会社と比較した取引量のデータを見てみましょう（表2-3）。

各ブランドを持つカードを使って決済された総額が「カード決済金額」、これに現金取引を加えたものが「総決済金額」となります。また

表 2-3　**クレジットカード会社の取引量比較**

	Visa	Mastercard	AMEX	JCB	Diners Club
カード決済金額（十億ドル）	8,911	4,743	1,005	308	166
総決済金額（十億ドル）	11,383	6,337	1,011	317	178
総取引回数（十億回）	205	126	9	5	3
カード数（百万枚）	3,586	2,334	112	141	65

※2021年度

何回分の決済がおこなわれたのかが「総取引回数」になります。各社カードを利用した決済金額を円グラフで表すと図2-26のようになります。

このように、マスターカードやアメックスに圧倒的な差をつけているVisaですが、どのようにネットワーク外部性を構築しているのでしょうか。

まずはクレジットカードの業界を考えるとき「**国際カードブランド**」と「**発行会社（issuer）**」の2つを区別する必要があります。お手元にカードがあれば確認できると思いますが、カード表面の右下にあるマークが国際カードブランド（VisaやMasterCard等）で、その他の場所に記載しているのが発行会社ということになります。発行会社は、銀行、信販、小売・流通などがあります。Visaで提携している日本の会社の代

図 2-26　**カード利用の決済金額**

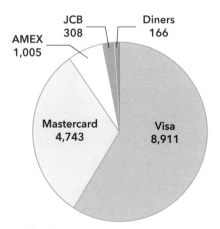

JCB
308

Diners
166

AMEX
1,005

Mastercard
4,743

Visa
8,911

単位：百万ドル
※2021年度

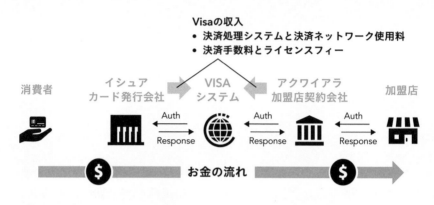
図 2-27　**Visa のビジネスモデル**

表が三井住友 Visa カードです。

　Visa は、自らカードは発行せず、発行会社に発行してもらうビジネスをおこなっています。

　図2-27は Visa のビジネスモデルを表しています。Visa のクレジットカードが使える店舗数が世界一であれば、**消費者**（左側）は、その利便性を感じて Visa を使いたいと思うでしょう。反対に店舗である**加盟店**（右側）は消費者が保有するクレジットカードの多くが Visa であれば、Visa の加盟店になりたいと契約をするはずです。

　このようなサイクルが繰り返されれば、当然 Visa のエコシステムは拡大していくでしょう。同時に Visa 経由の決済金額も増えていきます。すると、そのサイクルに便乗したい発行会社が増えることになります。先ほどの**提携会社**のことです。当然 Visa ブランドがついた自社カードを使ってもらうため、発行会社は必死でサービスなどを充実させます。三井住友 Visa カードについたさまざまな特典をイメージしてください。これがまた Visa カードを使う利便性を向上させることになるのです。

まさにこれは、Visaのビジネスモデルにおける「**ネットワークの外部性**」なのです。

　ただ、このエコシステムの中でどのようにお金を稼いでいるのか、あまり見えてきません。次に、Visaの本当のビジネスモデルについて見ていきたいと思います。

Visaの特徴②
──クレジットカード会社ではなくフィンテック企業

　前述のとおり、Visaエコシステム内でクレジットカードを発行するのは発行会社であり、Visaはカード自体を発行しません。**Visaは、発行会社と契約して、ライセンス料と決済手数料等を徴収するだけ**なのです。Visaの収入内訳が10K内に記載されているので、確認すると表2-4のようになっています。

　サービス収入がライセンス料に、データ処理収入が決済手数料にあたるわけですが、Visaの収入の大半がこの2つで占められています。「貸

表 2-4　**Visa の収入内訳**

	2019	2020	2021
サービス収入	9,700	9,804	11,475
データ処理収入	10,333	10,975	12,792
国際取引収入	7,804	6,299	6,530
その他	1,313	1,432	1,675
顧客インセンティブ	−6,173	−6,664	−8,367
合計	**22,977**	**21,846**	**24,105**

単位：百万ドル

出はしない」「リスクはとらない」「預金も持たない」「手数料だけでビジネスを回す」のは、まさに**フィンテック企業の特徴**です。

　ちなみに、「顧客インセンティブ」がマイナスになっているのは、Visaが提携しているカード発行会社（銀行や小売業等）へ協力報酬を支払っているためです。

　費用サイドも見てみると、いかにVisaがフィンテック企業といえるのかがわかります。図2-28はVisaとアメックスの費用構造の比較です。

　Visaの場合、発行会社がクレジットカード発行にかかわるマーケティング・営業費用などをすべて負担してくれるため、アメックスと比較するとマーケティング費用の割合が非常に低くなります。当然、**営業利益率は高くなる**わけです。

図 2-28　**Visaとアメックスの費用構造**

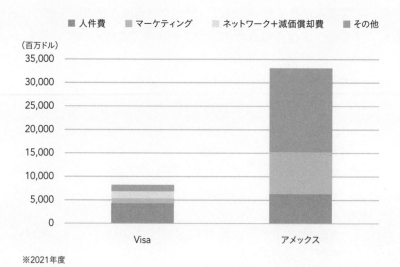

※2021年度

かわりに、アメックスにはない**ネットワークと減価償却費が発生して**
います。これは、**Visaがシステム関連の設備に多額のお金を費やして**
いる証拠です。実際、Visaは自身で開発したVisaNetという世界一の
オーソリゼーションネットワークを持っています。これは毎秒2万件以
上の処理が可能で、世界200カ国・175通貨に対応、世界規模の莫大な
会員情報を管理していながらも、盗難や不正などのセキュリティ対策も
365日24時間体制で管理するシステムです。これだけ大規模なシステム
を全世界に提供していることを理由に、かなりの設備投資と減価償却が
おこなわれているわけです。これもまたフィンテック企業の特徴であ
り、**Visaは昨今登場したフィンテック企業の先駆け的存在だったわけ**
です。

アメックスの特徴①── 小規模で高収益体質

それでは次にアメックスの分析をしてみましょう。アメックスは、
Visa、マスターカードについで世界3位の取引数・決済金額を誇ってい
るわけですが、アメックスはVisaとは異なるビジネスを展開していま
す。しかもそのビジネスは**小規模でありながらも高収益体質**です。

10K内の"TABLE 5: SELECTED CARD-RELATED STATISTICAL
INFORMATION"を見ると表2−5のようなカード利用額データを見る
ことができます。

これを見ると、**全世界平均のアメックス所有者1人あたりの利用額は**
年間で2万ドル、そしてカード1枚の平均手数料が74ドルだというこ
とがわかります。Visaは多くの人たちに所有されていますが、休眠に近
いカードもたくさん存在していると想像できます。一方で、**アメックス**

表 2-5　**アメックスのカード平均利用額**

	2019	2020	2021
カード所有メンバーの平均利用額（ドル）			
米国	21,515	18,085	22,477
米国以外	16,351	12,264	15,251
全世界平均	19,972	16,352	20,392
カード1枚当たりの平均手数料（ドル）	58	67	74

表 2-6　**アメックスの費用構造**

	2019	2020	2021
マーケティング・ビジネス開発	7,125	6,747	9,053
カードメンバー報酬	10,439	8,041	11,007
カードメンバーサービス	2,223	1,230	1,993
小計	19,787	16,018	22,053
給与・福利厚生	5,911	5,718	6,240
その他	5,856	5,325	4,817
合計	**31,554**	**27,061**	**33,110**

単位：百万ドル

の場合は、少額であっても利用され続けるという特徴があるようです。これは、アメックスがメンバーに魅力あるサービスを提供していることが理由です。

　また、**Visaがマーケティングにあまり費用をかけていない一方で、アメックスは多額のマーケティング費用を使っています。**表2-6のアメックスの費用構造で確認をしていきましょう。

　カードメンバー報酬とは、メンバープログラム参加者に対するキャッ

シュバックなどのサービスで、カードメンバーサービスとは利用時の特典のことです。

このように**アメックスは、マーケティングやメンバーへの充実したサービスを提供するために多額のお金を費やしている**わけです。これこそが**アメックスが小規模ながらもメンバーを維持し、高収益を保つことができる理由**なのです。

アメックスの特徴②──多様な収入源

じつはあまり知られていないのですが、**アメックスはクレジットカード以外のビジネスにも携わっています**。表2-7はアメックスの収入（Revenue）の内訳を表したものです。

この表から**アメックスは、クレジットカードをはじめとする金利以外のビジネスと、金利を中心としたビジネスの両方から収入を得ている**ことがわかります。このように、複数の収入を得る手段を持っていることが、クレジットカードの総決済金額でVisaに負けているにもかかわらず、売上高が倍近くある理由といえるでしょう。

では、アメックスのクレジットカード以外のビジネスとはなんなのでしょうか。それは**銀行子会社**の存在です。銀行子会社の存在は、どこから確認できるのでしょうか。ここで、VisaとアメックスのBSを比較してみます（図2-29）。

アメックスの負債側に計上されている**顧客預金**。これが子会社の銀行からのものと考えられます。一般的なビジネスは、銀行からお金を借り

表 2-7　アメックスの収入内訳

金利収入以外の内訳（Revenue）

	2019	2020	2021	割合
カード手数料	26,167	20,401	25,727	74%
年間費	4,042	4,664	5,195	15%
その他フィー	3,297	2,163	2,392	7%
その他	1,430	874	1,316	4%

金利収入の内訳（Revenue）

	2019	2020	2021	割合
ローン金利	11,308	9,779	8,850	98%
その他	776	304	183	2%

単位：百万ドル

図 2-29　Visa とアメックスの BS 比較

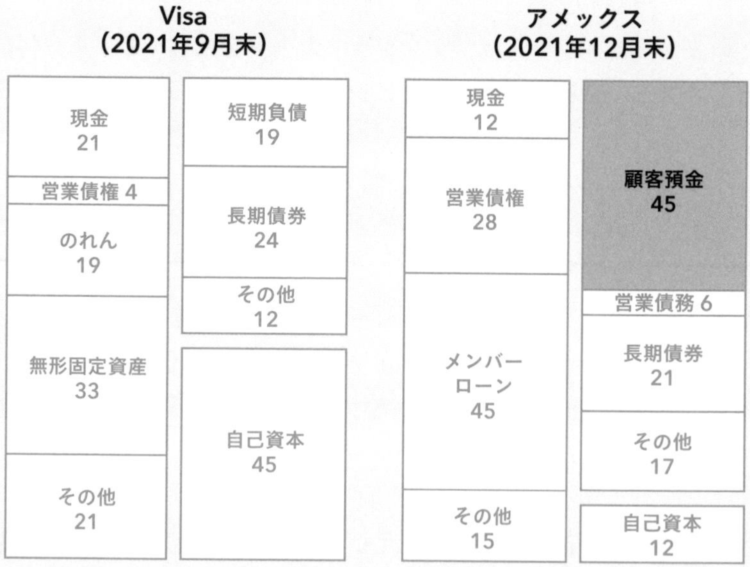

※数字は%

たり、株主に出資してもらったりして、それを原資としてビジネスに利用します。銀行は他の銀行から借りる場合もありますが、メインとなる原資はその銀行に預けてくれる預金者のお金です。そして預金者のお金は銀行にとって借入金と同じです。その**顧客預金を、アメックスはBS資産側に計上されている会員向けのローン（銀行ビジネス）などに使っているの**です。

アメックスの特徴③──営業債権が大きい

Visaとは異なり**アメックスは、自社でクレジットカードを発行していますので、クレジットカードにかかわる営業債権はすべてアメックスが抱えることになります。**営業債権とは、クレジットカードを利用しているけど、まだ現金化されていない残高分のことです。BSの資産側を見比べてみると、**アメックスの営業債権は総資産全体の28%もあるのに、Visaは4%しか計上されていません。**互いのビジネスの違いが、ここでもわかります。

安全性 企業が
「どれだけ安定しているか」
がわかる6つの指標

企業の継続性を知るために「安全性」は重要

　ビジネスをおこなうときに気になることの1つが取引先や投資先の
「**安全性**」でしょう。相手が倒産することによって自分のビジネスが
滞ってしまったり、投資回収が難しくなるかもしれません。このような
ビジネスリスクは事前に把握したうえで、次の一手を考えることが大切
になります。

　したがって、**決算書を使って企業を分析するうえで、安全性を測るこ
とは必要不可欠**なのです。このチャプターでは、その安全性を評価する
ために有効な指標を解説します。

　安全性を知るために使える指標は、以下の6つです。

1　流動比率
2　当座比率
3　自己資本比率
4　DEレシオ
5　インタレスト・カバレッジ・レシオ（ICR）
6　在庫回転期間

流動比率
── 企業の「短期的」な支払い能力を測る

BS

$$流動比率（\%）= \frac{流動資産（平均）}{流動負債（平均）}$$

使い方　この指標を見る人は、主に経営者や財務担当者です。取引先企業に短期間で負債を返済するだけの資金余力がないと、その企業は新たにお金を調達することが難しくなり、倒産してしまう可能性があります。安全の目安ですが、数値は高いほど良く、100％超が適切と考えられています。

注意点　指標を使う目的は「取引先企業の短期信用度」チェックのため、負債の返済に使える現金化しやすい流動資産が存在しない場合には注意が必要です。

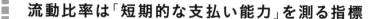

流動比率は「短期的な支払い能力」を測る指標

　企業に返済しなくても良い潤沢な自己資本があったとしても、数か月後に倒産してしまう会社が存在します。その理由は、数か月以内に返済しなければならない負債を抱えているのにもかかわらず、すぐに換金可能な流動資産を持たないために、期日になっても支払いができず不渡りが出てしまうためです。すなわち、**多くの企業が倒産するのは、手持ちのキャッシュが底をついてしまうから**なのです。

　そこで、企業の安全性を評価する指標が大切になります。保有する資産を現金化して、**短期的な支払い義務に対応できるかどうかの能力を示す短期的な安全指標を、流動比率（Current Ratio）**といいます。一般的には流動比率は100％以上あれば安全性に問題はないとされます。

　ただし、**高い流動比率が、必ずしもすべてのステークホルダーにとって良いことではない**ことに注意しましょう。例えば、取引先であるサプライヤーにとって、この流動比率が高いことは望ましいことです。反対に、株主にとっては高い流動比率はあまり好ましくはありません。というのも、企業には倒産してほしくない一方で、**流動性の高い現金などの資産はリターンを生み出すわけではないため、高すぎる流動比率は株主の利益を奪ってしまう**ことにもなるからです。

　実際の企業の決算書を比較して流動比率の計算と数値の違いを確認してみましょう。ここでは異業種間、同業種間の比較をおこないます。

Case Study 1

ナイキ vs ネットフリックス
――ナイキの流動資産の割合が極端に大きい理由

まずは異業種間です。小売業とサービス業の代表として、**ナイキ（Nike, Inc.）**と**ネットフリックス**の流動比率を求めてみましょう。

各社の流動比率を計算すると、ナイキが260%、ネットフリックスが109%になり、**ナイキの流動資産の大きさが目立ちます。**図3−1を見ると、総資産の70%を流動資産が占めているのですが、ナイキはなぜそこまで大きな割合の流動資産を保有する必要があるのでしょうか？

図 3-1　ナイキとネットフリックスのBS

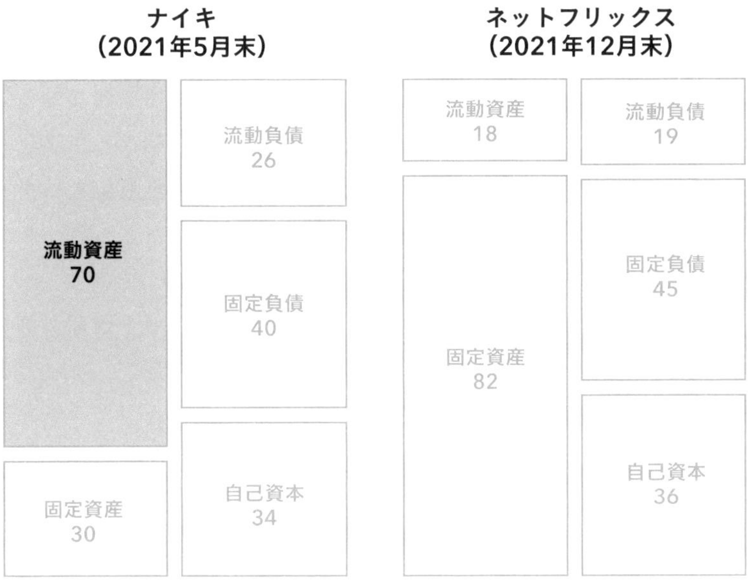
ナイキ
(2021年5月末)
流動資産
70
流動負債
26
固定負債
40
固定資産
30
自己資本
34
ネットフリックス
(2021年12月末)
流動資産
18
流動負債
19
固定負債
45
固定資産
82
自己資本
36

※数字は%

表 3-1　ナイキの流動資産と固定資産の内訳

		2021年5月31日	
流動資産	現金	9,889	26%
	売掛金	**4,463**	**12%**
	在庫	**6,854**	**18%**
	前払費用	1,498	4%
	その他資産	3,587	10%
	合計	**26,291**	**70%**
固定資産	PP&E	4,904	13%
	リース	3,113	8%
	のれん＋無形固定資産	511	1%
	その他資産	2,921	8%
総資産		**37,740**	

単位：百万ドル

　ナイキは商品在庫を保有して、それらを小売・販売店に販売依頼するビジネスモデルです。ということは、ビジネスの特性上、売掛金も発生します。実際に、BS内を詳しく見てみると**在庫と売掛金の合計は総資産の30％、流動資産の半分近くを占めています**（表3-1）。

　一方でネットフリックスは、**ストリーミングサービスなので在庫をためておく必要はありません**。また売掛金も存在しないビジネスのため、両社の数値に差が出たものと考えることができます。

　ただし、この傾向は2021年度だけかもしれません。両社の違いが一時的ではないことを調べるために、時系列データを使って過去からの流動比率の推移を確認してみましょう（図3-2）。

図 3-2　ナイキとネットフリックスの流動比率推移

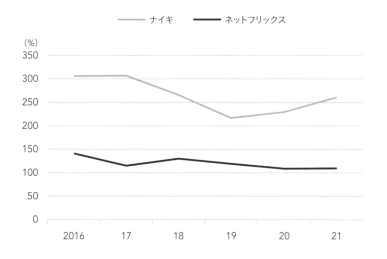

ここ数年のデータから見ても、概ね説明したような数値の差を確認できます。ここから、ナイキとネットフリックスの両社の流動比率の差とは、在庫・売掛金ビジネスか否かといったビジネスモデルの違いで説明できるものと考えることができるのです。

Case Study **2**

テスラ vs ハーレーダビッドソン vs 現代自動車
── テスラの流動比率を一気に改善させた株式公募

次に製造業における流動比率を求めていきましょう。事例では、グローバルなモーターサイクル企業を取り上げて、時系列で分析していきたいと思います。1つが**テスラ（Tesla, Inc.）**、そして**ハーレーダビッドソン（Harley-Davidson, Inc.）**、最後に韓国の**現代自動車（Hyundai Motor Company、ヒュンダイ）**です。過去5年の3社の流動比率を比較したグラフが図3-3です。

図 3-3　**テスラ、ハーレーダビッドソン、ヒュンダイの流動比率推移**

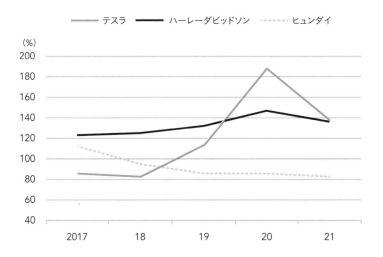

3社の推移を見てみると、明らかに違いが出ています。まずは、テスラですが、**2018年から2020年にかけて流動比率が急上昇**していることがわかります。

テスラの10Kを見ると、2017年時点で流動資産は総資産の20%ほどしかありませんでしたが、2020年には約44%にまで上昇しました。また、テスラは2017年から売上を5倍近くまで伸ばしているため、単純に考えると在庫増加が流動資産の増加につながったと考えたくなります。

しかし、それは違います。流動資産増加の主な原因は、**現預金が増加した影響**にあったのです。テスラは2020年度に複数回の**株式公募（Public Offering）を実施し、多額の現金を手にしました。**表3-2に示したテスラの財務CF内に記した太枠を見ると、2020年度に約120億ドルもの現金を得たことがわかります。

表 3-2　テスラの CFS 内訳

テスラ　連結キャッシュフロー計算書

	2018	2019	2020
営業活動キャッシュフロー			
当期純利益（損失）	(1,063)	(775)	862
減価償却費・償却費	1,901	2,154	2,322
株式報酬	749	898	1,734
社債割引料・発行費償却	159	188	180
棚卸資産評価減	85	193	202
固定資産除却損	162	146	117
中略			
投資活動キャッシュフロー			
オペレーティングリースを除いた固定資産購入	(2,101)	(1,327)	(3,157)
中略			
財務活動キャッシュフロー			
一般公募による普通株式の発行収入		848	12,269
転換社債発行による収入と借入	6,176	10,669	9,713
転換社債支出と借入返済	(5,247)	(9,161)	(11,623)
中略			

単位：百万ドル

　**ハーレーダビッドソンは、対総資産での在庫割合に大きな変化は
なく、流動比率も特筆すべき大きな変動はありませんでした。** しか
し、決算書（CFS）内財務CFを見ると**現金を大幅に増やしている**
ことがわかります。この理由は、COVID-19によるビジネス環境の
悪化を鑑みて、いままでおこなっていた積極的な株主還元（配当や
自社株買い）をかなり抑えたことが挙げられます。

　表3-3は2019年度から直近までのハーレーダビッドソンの財務
CFですが、太枠で示したような推移になっています。

　ちなみに、ハーレーダビッドソンは**バイクを設計・製造・販売す**

表3-3　ハーレーダビッドソンのCFS内訳

ハーレーダビッドソン　連結キャッシュフロー計算書

	2019	2020	2021
営業活動キャッシュフロー	868,272	1,177,890	975,701
投資活動キャッシュフロー			
資本支出	−181,440	−131,050	−120,181
ファイナンス売掛金　組成	−3,847,322	−3,497,486	−4,243,710
ファイナンス売掛金　回収	3,499,717	3,540,289	3,902,304
中略			
財務活動キャッシュフロー			
ミッドターム債発行　借入	1,203,256	1,396,602	
ミッドターム債発行　返済	1,350,000	1,400,000	1,400,000
中略			
配当支払	237,221	68,087	92,426
普通株式買い（自社株買い）	296,520	8,006	11,623

単位：千ドル

る事業と金融サービス事業の2つの事業を軸に経営をおこなっています。2020年度にバイク事業がCOVID-19で営業赤字になった際には、その赤字分を金融サービス事業の利益でカバーしていました。ハーレーダビッドソンは2つの事業を追っていくことで、そのビジネス動向が良くわかると思います。

　一方で、ヒュンダイは2社ほどの変化はないのですが、**ここ数年で流動比率が徐々に低下している**ことがわかります。ヒュンダイのBSを見ると、**流動資産は増加しているものの、流動負債の増加分がそれに勝る勢いだったことが影響している**とわかりました。

　特に流動負債の増加で目立つのが、**引当金の計上**です。引当金とは、例えば取引先に貸倒れのリスクがある場合に事前にそれを負債計上してしまう手法のことです。現代自動車の場合、**COVID-19**

の影響による貸倒リスクに対応するために引当金を計上したと考えることができ、結果として流動比率が下がったと推測できます。

流動資産の安全性基準は業種によって異なる

　一般的には流動比率は100%以上あれば安全性には問題ないといわれますが、これは業種によって異なるため注意が必要です。例えば、日本の病院などは、流動比率が100%を超えていても経営が成り立たない場合もあります。企業ではないので一部を除いて決算書は公開されていませんが、そのビジネス収入の7割は社会保険への請求からのものです。すなわち患者からキャッシュを3割もらっても7割は売掛金になってしまうわけです。この売掛金がすぐにキャッシュとして入ってくれば良いのですが、多くのケースでは、その前に支払い（例：医者や看護師の給与）をしなければいけません。

　このことからわかるのは、**いくら売掛金という流動資産が多くて流動比率が100%を超えていたとしても、倒産する可能性はある**ということです。**流動比率を分析するにしても、その対象企業のビジネスを理解したうえで使わなければ間違った解釈をしてしまう**ことに気をつけるべきでしょう。

当座比率
── 流動比率よりも「厳しく」 企業の支払い能力を測る

BS

流動資産 − 在庫	流動負債
	固定負債
固定資産	自己資本

$$当座比率（\%）= \frac{流動資産 − 在庫（平均）}{流動負債（平均）}$$

使い方 この指標を見るのは、主に経営者や財務責任者です。流動比率と似ていますが、流動資産には在庫という短期で現金化することが難しい資産が含まれているため、それを差し引いて計算するところがポイントです。数値は高いほど良く、100％超であれば短期での支払い能力は問題ないと考えられています。

注意点 在庫には長年出荷されないままになっている不良在庫が含まれている可能性があるので、細かく調べることが大切です。

当座比率は「在庫リスク」を考慮した安全性を測る指標

　流動比率に似た分析指標に**当座比率（Quick Ratio）**という指標があります。こちらも企業の安全性を調べるためにチェックをしたい数値なのですが、流動比率と何が違うのでしょうか。確認してみましょう。

　計算式は、流動比率と異なり、流動資産から在庫（もしくは棚卸資産）を差し引いたものが分子になっています。**在庫は事業には大切である一方で、事業を悪い方向へと導いてしまうリスク商品である**ことも間違いありません。例えば、入れ替わりの激しい、もしくは競争の激しい商品を扱っていたとしましょう。もしそこで事業計画が遅れて、発売のタイミングを逸したらどうなるでしょうか。当然、在庫は価値のないモノになってしまうわけです。すなわち、**高い流動比率を持っていたとし**

図 3-4　**安全性を厳しく判断したいときには当座比率を使う**

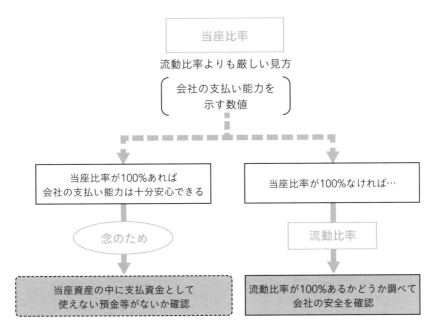

ても、**厳しく見たい場合には当座比率のほうが適しています**。図3-4で流動比率と当座比率を区別すると良いでしょう。

そして、当座比率をチェックするポイントとしては、企業間で比率がなぜ異なるのかを調べることでビジネスモデルの特徴をより深く理解できることが挙げられます。

バーバリー vs リオ・ティント
── 取り扱う製品によって変わる当座比率の重要性

異業種の2社を挙げて、当座比率の差を比較してみます。1つはイギリスの高級ファッションブランドである**バーバリー(Burberry Group PLC)**、もう1つがオーストラリアの多国籍鉱業金属の**リオ・ティント(Rio Tinto)**です。この2社はモノを販売する点で同じビジネスをおこなっていますが、取り扱っているモノが異なるという点で当座比率の比較に良い例と考えました。

まずは、両社の当座比率を時系列で比較してみましょう(図3-5)。

データを比較すると、**リオ・ティントが当座比率で劣っている**ことがわかります。ここから、リオ・ティントがバーバリーと比較して安全性が低いと結論づけてしまいそうですが、じつはここに落とし穴があるので気をつけなければなりません。というのも、**バーバリーとリオ・ティントはまったく違うモノを取り扱っている**からです。

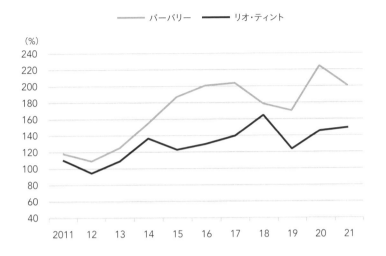

図 3-5　バーバリーとリオ・ティントの当座比率推移

　バーバリーの場合、常にシーズンにあったファッション商品を提供しなければならないため、すぐに商品が陳腐化したり、またトレンドを間違えるとすべて在庫が無駄になってしまいます。そのため、在庫量を抑えておく必要があります。その反対に、リオ・ティントが保有する在庫は鉱物（鉄鉱石、銅、アルミニウム等）なので、いつでも現金化が可能なのです。

　結論として、**当座比率で安全性を調べる場合、その対象企業が現金化しにくいものを扱っているかどうかを前提に分析することが大切**です。すなわち、**当座比率分析でリオ・ティントの安全性を調べることはあまり意味を持たない**のです。

自己資本比率
── 企業の「中長期的」な安全性を測る

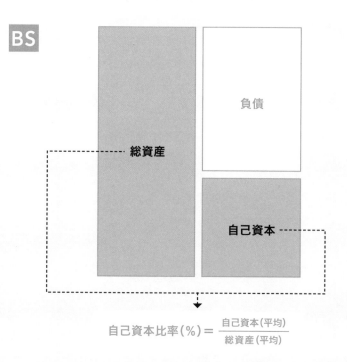

BS

負債

総資産

自己資本

$$自己資本比率(\%) = \frac{自己資本(平均)}{総資産(平均)}$$

使い方　この指標を見る人は、主に経営者や財務担当者、そして投資家です。安全に事業運営をしながらスピード感のある事業拡大をしていくために使用します。

注意点　自己資本比率は、高ければ良いというわけではありません。適度に負債を利用して将来の成長にいかすほうが良い場合もあります。また、負債を使うことで節税のメリットも受けられるので、バランスの良い資本構成（負債と自己資本）を選択することが大切です。

自己資本比率は「借入依存度」を測る指標

自己資本比率（Equity Ratio）とは、**手持ち資金（≒自己資本）が総資産のどれぐらいの割合なのかを示す指標**です。すでに述べたとおり自己資本は返済の必要はありません。**自己資本比率が低い場合、他人資本である負債の割合が高い**ことを意味します。つまり**借入依存型の経営を**しているとも考えることができます。この場合、ビジネスが突然うまくいかなくなってしまうと、行く末は負債を返済できないことになり、最悪の場合は倒産にもつながってきます。

自己資本比率は、**「企業経営は財務的に安全なのか？」という疑問に答える長期的な安全性指標**といえます。

それでは、実際に企業の決算書を比較して自己資本比率の計算と数値の違いを確認してみましょう。ここでは3つの業種で企業比較をしてみます。

Case Study **1**

シティバンク vs ペイパル
―― 銀行の自己資本比率が限りなく低くなってしまう理由

ここでは、金融業界の代表として、**シティバンク（CitiGroup Inc.）とペイパル（PayPal holdings, Inc.）**を比較します。昨今では金融といっても、銀行や証券と単純に分けられるものではなくなりつつあり、新規参入する金融業は伝統的な金融のカテゴリーにあてはまらないことがあります。

今回取り上げる**シティバンクは世界を代表する総合金融サービ**

を提供する商業銀行で、**ペイパルは通販などに利用できる決済代行サービスを提供している会社**です。世界で3億人以上がペイパルのサービスを使っており、銀行口座を持っていなくても手数料さえ払えばどこでも取引決済をすることができるという点が特徴になります。

　このようにビジネスモデルが異なるため、両社のBSには違いが表れています。図3-6は両社のBSになりますが、右側の負債に目を向けると、シティバンクは「預金等」、ペイパルは「顧客支払用預り金」と、負債名称が異なっています。これは、シティバンクが商業銀行であるため、顧客からの「預金」がそのままBSの負債に計上される一方、ペイパルは顧客から預金としてお金を預かること

図 3-6　**シティバンクとペイパルの BS**

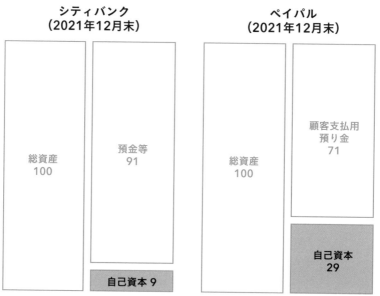

※数字は%

はないためです。ペイパルはあくまでも決済するシステムを提供する会社であるため、支払い顧客のお金（顧客支払用預り金）が負債に計上されるのです。

さて、負債の名称以外で両社の大きな違いは、**シティバンクの低い自己資本比率**ではないでしょうか。その数値は10%未満です。

この理由は、**シティバンクが預金を集める商業銀行のビジネスモデルだから**です。日本のメガバンクを想像してみてください。私たちは銀行にお金を預けますが、その預けた「預金」は彼らにとって借りたお金です。非金融企業であれば、借りたお金はビジネスを拡大させるために設備等に投資して利益を出そうとします。一方で、銀行はビジネスを拡大させるために借りているお金（預金）を他の人に貸し出して利益を出そうとするのです。例えば、「預金」を融資（住宅・車購入資金や事業資金）に回せば、貸出金利と預金金利の差で利益を出すことができます。そのため、**たくさんお金を預かったほうが良いので、資産や負債が大きくなってしまうのが自然**なのです。

ただし、この**負債割合が大きくなると、倒産したときに預金者に損害が出てしまいます**。そのため世界基準として**自己資本比率は8%以上**という規制が存在しており、多くの**米国の商業銀行は、8%ギリギリまで抑えてビジネスをおこなうことが慣例**となっています。シティバンク以外の商業銀行であるJPモルガンやバンク・オブ・アメリカなども8%近辺の自己資本比率に抑えてビジネスをおこなっています。

一方のペイパルは、海外への送金・もしくは海外から入金しても

らうために、わざわざ為替取引ができる銀行に足を運ばなくても低い手数料で送金ができる**決済代行サービス企業**になります。ペイパルを介して、海外の商品を購入する取引決済をおこなうと、ペイパルは一旦決済のために購入者からお金を預かり、そしてそれを販売者に渡すだけなのです。**ペイパルは、銀行のように金利差で稼ぐのではなく、ユーザーから支払われる決済手数料で稼ぐため、**我々がイメージする一般的な金融業態とは少し異なるものと考えるべきでしょう。ペイパルは、自己資本比率が高いため、一見銀行として非効率な経営をしているように思われがちですが、そもそものビジネスモデルが伝統的な金融ではないため、このような違いになるのです。

コカ・コーラ vs ペプシコ
──「自己資本比率の低下」は、必ずしも「安全性の低下」を意味しない

　次に飲料メーカーの自己資本比率を見ていきましょう。ここでは飲料業界での1位、2位である**コカ・コーラ（The Coca-Cola Company）**と**ペプシコ（PepsiCo, inc.）**の2社の自己資本比率について取り上げてみたいと思います。ペプシコは、ペプシコーラを販売する飲料会社ですが、じつは商品ラインナップはそれだけではなくトロピカーナやリプトン、スナック食品ではドリトスやチートスなどを展開しています。コカ・コーラが飲料一本で事業展開している一方で、ペプシコはさまざまなブランド商品を提供している企業なのです。では2社のBSから、直近の自己資本比率の比較をしてみます（図3-7）。

　ペプシコの自己資本比率（2021年）は16％と、コカ・コーラ

図 3-7　コカ・コーラとペプシコの BS

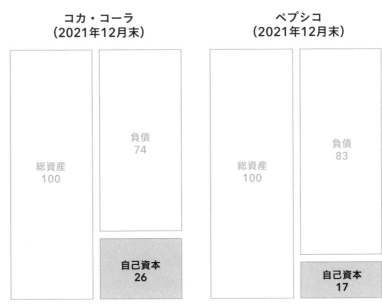

コカ・コーラ（2021年12月末）

総資産 100

負債 74

自己資本 26

ペプシコ（2021年12月末）

総資産 100

負債 83

自己資本 17

※数字は%

図 3-8　**コカ・コーラとペプシコの自己資本比率推移**

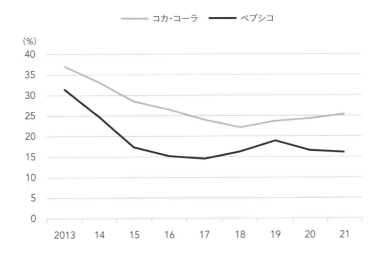

の25%よりも低いことがわかります（期初期末の平均値で計算するため図3-7と異なります）。時系列で過去の自己資本比率の推移を見て、この水準が一時的なものではないことを確認しておくことにしましょう（図3-8）。

　じつは、**2013年以前までは、この2社の自己資本比率は30%を超えていました。**ただ、それ以降は徐々にその比率は減少し、ここ5年でコカ・コーラは25%の近辺を、ペプシコは15%近辺を推移しています。では、自己資本比率が低くなってしまったこの2社を、「財務的に安全ではない」と判断するべきなのでしょうか。明確な判断をするためには、もう少し2社のBSの内容を精査する必要があります。

　図3-9と図3-10は両社のBSの右側にある長期借入金と自己資本の時系列データです。その推移を見ると、長期借入金がここ数年で増えているのがわかります。他の条件が変わらないと仮定すれば、借入金が増えれば自己資本比率は低下します。

　一方で、**自己資本比率が下がる理由は負債の増加だけではなく、自己資本の減少も考えられます。**例えば、**コカ・コーラやペプシコの場合は、COVID-19が世界中に広がる前までは「自社株買い」を積極的におこなっていたため、自己資本自体が減少していました。**最近はCOVID-19の影響もあり、自社株買いを以前ほど積極的にはおこなっていませんが、いまでも自己資本の内訳を見ると、"Treasury stock（自己株式）"が計上されているのがわかります。

　ちなみに、自社株買いとは、配当と同じく株主への還元手法として使われる手法で、**財務的に安全でなければ実行できません。**すな

図 3-9 コカ・コーラの自己資本と長期借入金の推移

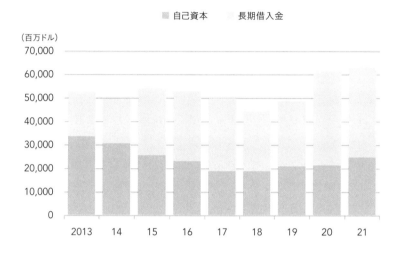

図 3-10 ペプシコの自己資本と長期借入金の推移

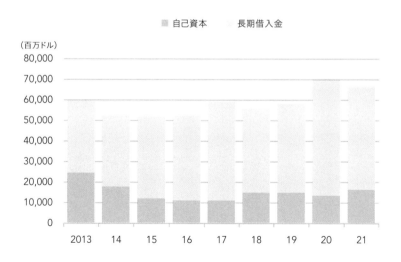

わち、**自己資本比率の数値が減少していたとしても、「これら2社は安全ではない」と判断しなくても問題ない**のです。

ファイザー vs イーライリリー
── イーライリリーの安全性を低下させた「セールスリベート」

　次に製薬業の自己資本比率を見ていきましょう。ここでは時価総額が米国でTOP10に入る製薬会社の**ファイザー（Pfizer Inc.）**と**イーライリリー（Eli Lilly and Company）**を比較してみたいと思います。ファイザーはCOVID-19のワクチン開発で有名な製薬企業で、イーライリリーは、インスリン開発で多大な功績を残している製薬企業になります。では両社のBSから、自己資本比率を比較してみましょう（図3-11）。

図 3-11　**ファイザーとイーライリリーの BS**

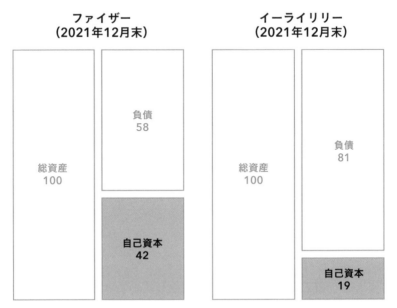

※数字は%

期初期末の平均値で計算した結果、**ファイザーの自己資本比率は42%、イーライリリーの自己資本比率は17%**と、大きな差があります。P&Gやメルクの自己資本比率が40%前後とファイザーと同程度の自己資本比率であることを考えると、**イーライリリーは大手製薬会社の中でも低い自己資本比率**であることがわかります。ただ、この数値はこの年だけの瞬間的なものかもしれないため、時系列でも同様のレベルで推移してきたのかを確認していきましょう。

　図3-12を見ると、**5年くらい前まではイーライリリーの自己資本比率は他の大手製薬会社と同じレベルだった**ことがわかります。その後自己資本比率が低下していったのですが、その理由は主に2つあります。1つは長期債券が5年前から約2倍に増え負債が大きくなったこと、もう1つはセールスリベートが5年前から2.5倍にまで膨れたことが影響しています。このセールスリベートという言葉はあまりなじみがないかもしれませんが、営業協力をしてくれた

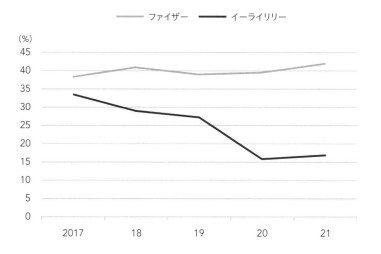

図 3-12　**ファイザーとイーライリリーの自己資本比率推移**

販売店や中間卸売業者に対して売上の一部を支払う報酬と考えてもらうと良いでしょう。イーライリリーの10K内"Sales Rebates and Discounts"では、このセールスリベートの支払いが基本6か月後におこなわれるものであるため、流動負債に計上していると説明されています。

財務レバレッジ──借金は手元資金の何倍？

ちなみに、自己資本比率に似た指標に**財務レバレッジ（Financial Leverage）**という指標があります。こちらは、自己資本比率の分母と分子を入れ替えて求めます。レバレッジとは、テコの原理が語源で、少ない力で大きな成果を生み出すという意味です。

$$\text{財務レバレッジ(倍)} = \frac{\text{総資産（平均）}}{\text{自己資本（平均）}}$$

財務レバレッジは、「負債（＝借金）を抱えたとして、その金額は手持ち資金（≒自己資本）の何倍なのか？」を示す指標です。言い換えると、**自己資本を担保に何倍のお金を借りているのかを数値化したもの**ということです。この指標はROEを分解するときに使う重要な指標の1つになります。

リーマン・ブラザーズの破綻前、じつは多くの投資銀行が高いレバレッジをかけてリスクの高い投資をしていました。つまり**手元資金が少ないのにもかかわらず、たくさんのお金を借りて、そのお金でリスク資産に投資をしていた**のです。例えば、ゴールドマン・サックスやモルガ

ン・スタンレーは20〜30倍のレバレッジをかけていたことがわかっているのですが、これは手元資金が1億円しかないのに、借金を20〜30億円していたということです。これを自己資本比率に換算すると3〜5%になります。

そして、この**財務レバレッジをかけると同じ投資でもリターンに違いが出てくる**のです。例えば好況時において、「自己資本だけで投資をした場合」と「借入と自己資本を組み合わせて投資をした場合」を比較すると、ROEや1株あたりのリターンも跳ね上がるのです。こちらは、少し応用になるため、巻末付録❶でその仕組みを紹介したいと思います。

3〜5%という低い自己資本比率だと、前述の規制に引っかかるレベルではないかと思われるかもしれません。しかし、ゴールドマン・サックスやモルガン・スタンレーは規制から外されていました。その理由は、自己資本比率の規制は預金を取り扱う商業銀行（JPモルガン、バンク・オブ・アメリカ、シティバンク等）にのみ適用されるもので、投資銀行であるゴールドマン・サックスやモルガン・スタンレー、メリルリンチ、リーマン・ブラザーズはその規制の対象から外れていたからです。まさに規制の穴をついた過剰投資だったのです。

DEレシオ
—— 「無理のない借入ができているか」を測る

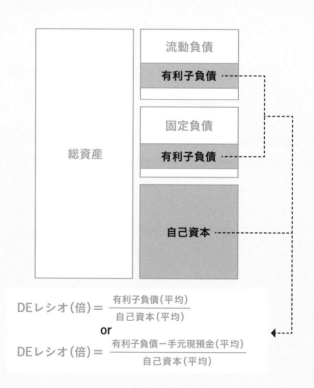

BS

	流動負債
総資産	**有利子負債**
	固定負債
	有利子負債
	自己資本

$$DEレシオ（倍）＝ \frac{有利子負債（平均）}{自己資本（平均）}$$

or

$$DEレシオ（倍）＝ \frac{有利子負債－手元現預金（平均）}{自己資本（平均）}$$

使い方 この指標を見る人は、主に経営者や財務担当者、そして投資家や銀行です。数値は低いほど財務健全性において好ましく、2倍前後が適切と考えられています。競合他社と差をつけるための事業拡大には、外部からの借入や社債など積極的に負債を活用することが大切です。言い換えると、企業がどれだけリスクをとって事業に向き合っているかを知るための指標になります。

注意点 業界や企業規模によって数値が異なるため、推移を定期的にチェックすることが必要です。

DEレシオは「無理のない借入ができているか」を判断する指標

自己資本比率を学習した後は、**DEレシオ**を紹介しましょう。DEレシオとSection 3で紹介した財務レバレッジは非常に似ています。DEレシオは、分子に有利子負債を置いて、自己資本の何倍分の有利子負債を抱えているのかを見る安全性指標です。企業経営のうえで、攻めの姿勢も大切ですが、同時に守りも堅固でなければ攻める効果は半減してしまいます。したがって、**どれだけ無理のない資金調達をおこなっているのかを調べることは大切**です。

DEレシオは、自己資本比率で求めた安全性指標をさらに具体的にしたもので、返済義務のある有利子負債が返済義務のない自己資本の何倍にあたるかを示します。**長期的な支払能力の優劣を表しており、大企業による社債の格付けや、金融機関からの融資条件の決定に利用されることもある重要な指標**になります。

一般的に、**数値が低ければ安全性が高いと判断されますが、自己資本比率と同様、その企業が属する業界や市場ルールによって適正水準が異なるので、分析の際には注意する必要**があります。

それでは具体的な企業の決算数値を取り上げて、安全性をチェックしていきましょう。

Case Study **1**

オラクル vs アドビ
—— 安定のアドビと異常値のオラクル

ここでは、世界を代表するソフトウェア企業2社を使って、DE

レシオを比較分析してみたいと思います。ソフトウェア企業の時価総額で考えるとマイクロソフトが世界一になるのですが、ここではマイクロソフトに次ぐ2社**オラクル（Oracle Corporation）とアドビ（Adobe Inc.）**を取り上げてみたいと思います。アドビはPhotoshopやIllustratorなどのクリエイティブ作業に必須なサービスを提供している企業、オラクルは企業向けのデータベース管理システムを提供している企業です。

　この2社のDEレシオの経緯を調べると図3-13のような結果となりました。

　オラクルの変動に対してアドビはあまり動いていないためグラフではわかりにくいかもしれませんが、**0.3倍から0.4倍の間を安定して推移**しています。

図 3-13 **オラクルとアドビの DE レシオ推移**

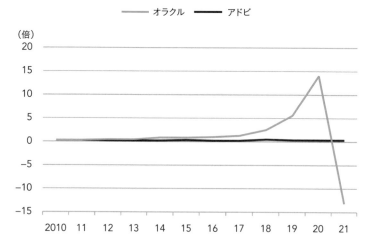

一方で**オラクルは、約5年前まではアドビと同様にそこまで借入依存ではなかったはずですが、2018年ぐらいから借入を加速させていきました**。直近だとDEレシオはマイナスになっていますが、**自己資本がマイナスになった**ため、計算上このような結果になっています。

図3-14はオラクルの有利子負債と自己資本の推移を表したグラフです。**2013年ごろから有利子負債を増加させ、自己資本は2018年ごろから一気に減少しています**。オラクルはなぜ有利子負債を増やし、自己資本を減らしていったのでしょうか。じつはオラクルはかなりの数の企業を買収しており、**2018年には10社近くの企業買収をおこなっている**ことがわかっています。また**株主還元としての自社株買いを積極的におこなっています**。こうした理由から借入総額が増加し、自己資本が減少していったと思われます。

図 3-14　**オラクルの有利子負債・自己資本推移**

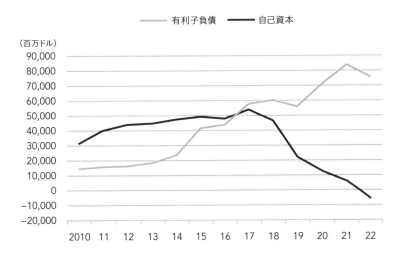

ラルフローレン vs Gap
── DEレシオを悪化させたリースを活用する経営へのシフト

次に、世界を代表するアパレル企業を比較してみようと思います。取り上げたのは、**ラルフローレン（Ralph Lauren Corporation）とGap（The GAP, Inc.）**です。この２つのDEレシオを調べた結果、図3-15のようになりました。

どちらも**COVID-19が発生する前の2018年までは、各々の水準をキープしていましたが、2019年になると一気にDEレシオが増加しています。**

両社の有利子負債と自己資本の推移を見てみると、**2019年度の決算から負債を増加させたことがわかります**（図3-16、図3-

図 3-15　**ラルフローレンと Gap の DE レシオ推移**

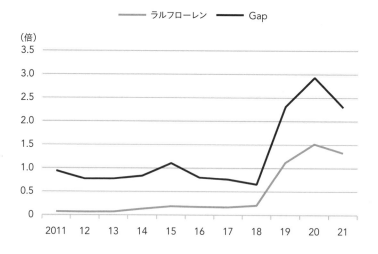

図 3-16　ラルフローレンの有利子負債・自己資本推移

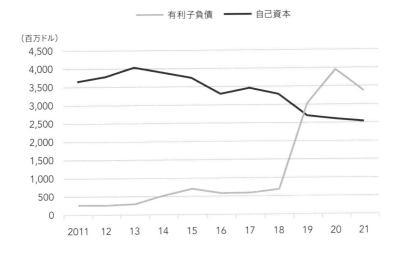

図 3-17　Gap の有利子負債・自己資本推移

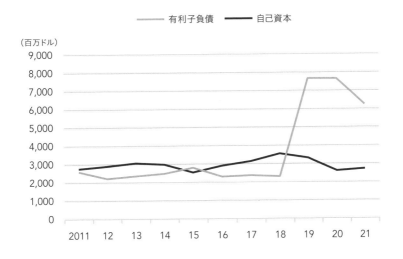

17）。ただし、この負債は単純に借入金を増やしたわけではないことに注意が必要です。**両社ともに、数年前からリース負債を増やし**

表 3-4 **ラルフローレンと Gap の負債の推移内訳**

ラルフローレン

	2017	2018	2019	2020	2021
流動負債	1,587	1,200	2,092	1,585	2,255
長期債券	288	689	396	1,633	1,137
長期オペレーティングリース	—	—	1,568	1,294	1,132
その他	1,965	1,990	1,633	4,227	4,885

Gap

	2017	2018	2019	2020	2021
流動負債	2,461	2,174	3,209	3,884	4,077
長期債券	1,248	1,249	1,249	2,216	1,484
長期オペレーティングリース	—	—	5,508	4,617	4,033
その他	1,005	1,135	1,073	397	321

単位：百万ドル

て、リースを活用した経営にシフトしています。

　表3–4はラルフローレンとGapの簡易BSです。これを見ると、両社とも2019年から長期オペレーティングリース債務が多く計上されていることがわかります。

　リースは利息の支払いがなさそうなので、有利子負債にあたらないと思われるかもしれません。しかし、じつは**リースは本体価格に利息を上乗せして支払いをおこなうので、有利子負債に含まれる**のです。このリースが有利子負債を増加させ、DEレシオを悪化させています。

インタレストカバレッジ レシオ（ICR）

—— 借金を返済できるだけの「稼ぐ力」があるか

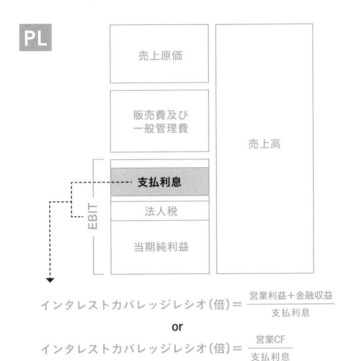

PL

売上原価

販売費及び
一般管理費

売上高

支払利息

EBIT

法人税

当期純利益

$$インタレストカバレッジレシオ（倍）＝\frac{営業利益＋金融収益}{支払利息}$$

or

$$インタレストカバレッジレシオ（倍）＝\frac{営業CF}{支払利息}$$

使い方 この指標を使う人は、主に経営者や銀行になります。この数値が低いとキャッシュ不足から財務安全性が低くなり、資金調達に影響が出ることになります。基本、数値は高いほど良いですが、最低ラインは2倍超が適正と考えられています。

注意点 インタレストカバレッジレシオが高いから安全性が高い、と単純に考えるのは危険です。もしかすると事業運営がそもそも伸び悩んでおり、その結果として借入を抑制したことで高い数値が出てしまった可能性もあるのです。

ICRは「稼ぐ力に見合った借入をしているか」を判断する指標

このセクションでは**インタレストカバレッジレシオ（Interest Coverage Ratio、ICR）**を紹介していきます。企業の長期的な安全性を測る指標として自己資本比率とDEレシオを紹介しましたが、**実務的な側面でいうと、DEレシオの数値が低ければ企業の財務体質に問題がないということではありません。**これをカバーする指標がICRになります。

自己資本比率とDEレシオはBSのみから得られる情報で、「本当に貸したお金が返ってくるのかどうか」という懸念に対して、本質的な問題を解決してくれるものではありません。もちろん、「自己資本に見合った借入度合」も安全性の判断材料として大切でありますが、それよりも**「稼ぐ能力に見合った借入をおこなっているか？」**を切り口に調べるほうが、より現実的な安全性分析になるのです。その切り口を示す指標こそがICRです。

ICRは企業活動からの利益（EBIT＝営業利益＋金融収益）を有利子負債によって発生する支払利息で割ることで、どれぐらい身の丈に合った借入をしているのかを分析するものです。分子には、営業CFを用いる場合もあります。本書で取り上げたケーススタディでも、営業CFを使ってICRを求めています。

適正水準は業界によっても異なりますが、**10倍（支払利息10年分のEBITもしくは営業CFを稼げる力）を超えていれば優秀な企業と判断されるケースが多い**です。

オラクル vs アドビ
—— 増え続けるオラクルの借入は「稼ぐ力」を超えてしまっているか

　ここでは、DEレシオで比較したソフトウェア企業のオラクルとアドビを再度確認してみます。**オラクルが借金依存になっていることはDEレシオを使った分析で確認しましたが、その借金に見合うだけの稼ぐ力をオラクルが持っていれば問題ない**と判断できるでしょう。

　2社を比較すると、時間とともにICRの差が拡大しているのがわかります（図3-18）。**アドビのICRは年々増加しており、安全性の観点ではまったく問題ない**と考えられます。その一方で**オラクルのICRは徐々に低下しています。** オラクルは拡大戦略を前提としていますが、それでも**過去10年で改善傾向がないと財務的な安全性が**

図 3-18　**オラクルとアドビの ICR 推移**

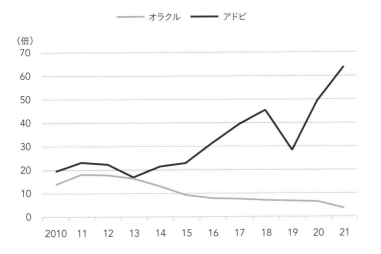

少し低いと考えられてもおかしくありません。

ラルフローレン vs Gap
── ダイレクトに表れるCOVID-19による「稼ぐ力」の低下

　同様にDEレシオを調べたアパレル企業2社のICRを調べてみましょう。

　2019年以降、両社のICRは急激に悪化しています（図3-19）。特にラルフローレンは長年高い水準を保っていただけに、大きなインパクトがあったと考えられます。

　決算書の中身を見ると、**ラルフローレンのICRが悪化したのは、リース負債が増加したことによる金利負担の増加が大きかったと同**

図 3-19　**ラルフローレンと Gap の ICR 推移**

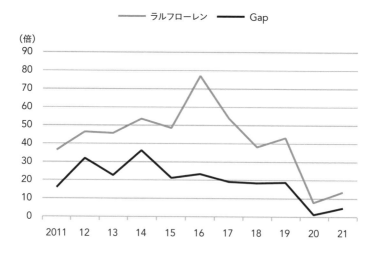

図 3-20　ラルフローレンと Gap の営業 CF 推移

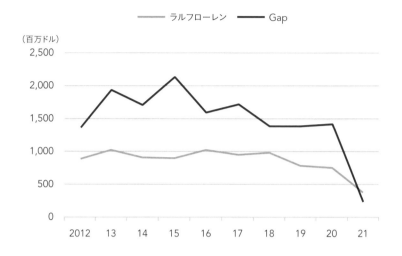

時に、**COVID-19による営業CFの減少が大きな影響を与えた**と考えることができます。図3-20は両社の営業CFの推移です。

　ラルフローレンについては、COVID-19の影響で、2021年にラルフローレンの営業CFは対2018年比で半減してしまっていますが、2022年には巻き返しており、それにともないICRの数値は改善しています。

　Gapも同様にCOVID-19の影響を受けましたが、**営業CFの減少がラルフローレンよりも激しく、2020年度から2021年度には約6分の1になり、ICRは一時期1倍ほどになってしまいました。**これは**安全性の面でもかなりの危険信号でしたが、少しずつ回復傾向にある**ことが図3-19からわかります。

【安全性】企業が「どれだけ安定しているか」がわかる6つの指標

Chapter 3

在庫回転期間（棚卸資産回転期間）
── 商品をさばくのに
どれだけ時間がかかるのか

BS				PL		
流動資産	流動負債				**売上原価**	
棚卸資産						売上
	固定負債				販売費及び 一般管理費	
固定資産	自己資本				営業利益	

$$在庫回転期間（日）＝\frac{棚卸資産（平均）}{売上原価／365}$$

使い方　この指標は、経営者だけでなく、その商品在庫にかかわる多くの人たちが気にするものです。この数値が大きくなるほど、キャッシュが入ってくるタイミングが遅くなるという意味でキャッシュ不足による倒産リスクが高まるのです。

注意点　「長期間の在庫保有」には、製品の陳腐化や廃棄ロスの恐れがあります。そのために、なるべく短期化するべきですが、短期化ばかりを考えて売れ筋ではないものを強引に販売しても評判を落とす危険性があることに注意が必要です。

在庫回転期間は「在庫の現金化の効率性」を調べる指標

在庫回転期間とは、簡単にいえば、現在企業が保有する在庫（棚卸資産）をすべて売り切るためにはどの程度の期間が必要かを表す指標になります。

なぜこの指標が大切かというと、**企業の安全性を調べるためには、売上を見るだけではなく、仕入れた在庫がどれほどの頻度で出荷されているかを調べる必要がある**からです。

過去には営業利益が黒字だったのにもかかわらず、在庫が売れ残って最終的に倒産してしまったケースもあります。その代表例がトイザらすでしょう。トイザらすは倒産した2017年まで、営業利益は黒字でしたが、アマゾン等のネット通販拡大が影響して在庫が積みあがっていました。在庫が現金化できなかったことに加え、多額の負債を抱えていたため、その支払利息が負担になり、破綻に至ったわけです。

在庫を持つビジネスは、在庫レベルの意思決定が難しいといわれます。仕入れすぎてしまうと、在庫が積みあがり、トイザらすのように破綻する可能性もあります。反対に仕入れが少ないと、売上機会を逸することにもなり、これはこれで業績不振になる可能性もあるわけです。将来の経済動向を見ながら、どこまでリスクをとるべきなのか、慎重に考える必要があるのです。

アップル vs サムスン vs TSMC
── アップルの圧倒的な「在庫管理能力」の源泉

　では、在庫回転期間の具体例を挙げてみましょう。ここでは、iPhone製造工程にかかわる3つの会社を比較してみたいと思います。1つは当然**アップル（Apple Inc.）**です。アップルはスペックやOSの設計をおこなったり、またiPhoneのデザインやその付加的なサービスを提供する役割を担っています。次に**サムスン電子（Samsung Electronics Co.）**です。iPhone内にあるキーデバイス等の部品をつくる役割があります。最後が、**TSMC（Taiwan Semiconductor Manufacturing Company）**です。TSMCは、EMS（Electronics Manufacturing Service: 電子機器製造受託生産サービス）の企業です。アップルからOEM（Original Equipment Manufacturing: 相手先ブランド製造）で注文を受けてiPhoneの製造や組み立てをおこなう役割があります。3社の在庫回転期間を時系列で分析すると図3-21のようになりました。

　これを見ると、**サムスンとTSMCに比べて、アップルの在庫回転期間が恐ろしいほど短くなっている**ことがわかります。iPhoneを直接製造していないとはいえ、**在庫は10日分しか抱えていません**。これは、**アップルは不要な在庫を持たずに、製造したらすぐに販売できるビジネスを完成させている**ことを意味します。

　この仕組みを構築したのが、当期純利益のセクション（Chapter2 Section2）で紹介したアップルCEO、ティム・クック（2022年末現在）です。彼は世界にある外部企業とiPhoneパーツを供給できる外部ネットワークをつくり、その外部企業に生産を委

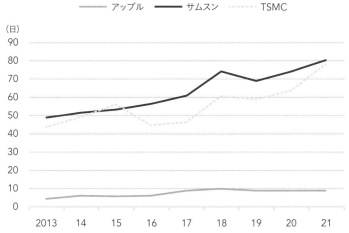

図 3-21　アップル、サムスン、TSMC の在庫回転期間推移

託することに成功しました。在庫を減らす画期的な委託方法の例を
1つ挙げてみます。iPhoneの製造には特殊な機器が必要なため、
製造委託先はiPhoneだけのために設備投資をしなくてはいけませ
んでした。当然、iPhone専用の設備投資にはリスクがともないま
す。そこで、アップルは最もお金が掛かる切削加工機やレーザー加
工機については自社で出資し、TSMCをはじめとする製造委託先に
製造指示書と一緒に貸与して生産を委託しました。こうしてアップ
ルは在庫問題を解消したのです。

　このように、**アップルは在庫を完全にコントロールし、市場環境
の変動にも対応しながら適切に製品を供給していくことが可能に
なった**のです。

Chapter

4

成長性 企業が
「どれだけ成長力を
秘めているか」が
わかる6つの指標

企業の「将来的な可能性」を探る

　Chapter 4では、企業や事業がどれだけ成長しているのか、または今後成長する見通しがどれだけあるのかを知るヒントになる指標を解説します。経営者が企業経営で意識しなければいけないことは、「**倒産させないこと**」と「**企業価値を増加させること**」です。**企業価値が増加しているということは、すなわち企業の成長力が著しい**ということになります。やはり成長力のある企業には魅力があります。魅力的な企業には投資家がつくものです。

　ただし、**企業の成長性を決算書から直接読み取るには情報が少なすぎるため難しい**でしょう。というのも、成長性というのは企業そのもののパフォーマンスだけではなく、経営者の目指す方向性や方針が強く関連しているためです。そのため、決算書内の財務3表だけでなく、経営者が考えている戦略がわかる資料を使うことをオススメします。具体的には、企業内のウェブページにある**IR資料、アニュアルレポート、earning call** などがそれにあたります。

　ここでは決算書の情報だけを使って企業の成長性を知ることができる以下の6つの指標を紹介します。

1 売上高成長率
2 売上高研究開発費率
3 対営業CF設備投資率
4 フリーキャッシュフロー（FCF）
5 キャッシュコンバージョンサイクル（CCC）
6 のれん・売上高・ROA

売上高成長率
―― 「一番シンプル」に企業の可能性を測る

$$売上高成長率（\%） = \frac{今年度売上高 － 前年度売上高}{前年度売上高} \times 100$$

使い方　経営者だけでなく企業に勤める従業員も「目標達成」のために
この指標を意識します。また投資家も投資判断の1つとして活
用します。

注意点　売上高成長率を見るうえで、2つ注意があります。1つ目が、1年
のみの成長率ではなく複数年で成長率を判断することです。た
またま成長率が高（低）かった年の可能性もあるためです。2
つ目は企業規模や成長ステージに合わせて数値を見ることで
す。例えば、成熟企業にベンチャー企業と同じ成長率を求めて
もあまり意味はありません。

売上高成長率は「事業そのもの」が 過去1年でどれだけ伸びたかを測る指標

まず、ここでは、**事業そのものの成長性**について考えていきたいと思います。事業そのものの成長のことを**有機的成長**と呼びますが、**企業価値の算定や市場成長率との比較、もしくは他社との比較のうえでも非常に有用な指標**となります。

「前年度の売上に比べてどれだけ売上が伸びたのか？」を測るのが売上高成長率になります。しかし、この売上高成長率を単体で見ても、それが何を示すのかがわかりません。そのために、何か比較対象になるものが必要になるでしょう。一般的には、**その企業が属する市場の成長率を使って比較します**。例えば市場の成長率を上（下）回っていれば、成長している（いない）と判断できます。

ただ注意しなければいけないのが、まだ売上規模が相対的に小さい企業を分析する場合です。そうした企業だと売上高が少し上がっただけでも2桁、3桁の成長率になることがあるので、その場合は過去にさかのぼって時系列で分析をすると良いでしょう。

Case Study

GAFA
── 爆発的に売上高を伸ばすテック企業の巨人

ここでは、2010年以降のGAFA各社の売上高の推移を見ると同時に、**アマゾン（Amazon.com, Inc.）**の売上高がどう伸びてきたのかを確認していきましょう（図4-1）。

折れ線が、4社の売上高推移を示していますが、棒線については

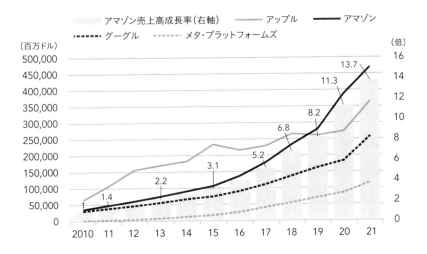

図 4-1　**GAFA の売上高推移**

アマゾンの2010年時点の数値を100%として、比較した数値になります。

　2021年12月（アップルの場合2021年9月）までは、4社とも10数年前の数値と比較すると売上をかなり伸ばしていることがわかります。ここでは、アマゾンの2010年時点と比較した売上を出しましたが、約13倍の大きさとなっています。

　ちなみに、ここ10年で最も売上の伸び率が大きかったのが、メタ・プラットフォームズ（旧フェイスブック）で、売上高は2010年と比べて60倍となりました。他社と比較すると桁外れな数値ですが、当時のメタ・プラットフォームズはまだ売上規模が小さかったため、計算上成長率の数値が大きく出てしまう傾向にあるのです。

次に各社の年間売上高成長率の推移を求めます（図4-2）。

メタ・プラットフォームズは、売上規模が小さく成長率が大きかった10年前から、成長率の幅が徐々に小さくなってきていることがわかります。これは、10年前から現在にかけて、勢いが増したとしても起こってしまう自然な現象です。

　一方で、**アマゾンとグーグルは、ここ10年、同じレベルの成長率で歩んできています。**ただ、このデータを良く観察すると、**アマゾンの成長率は特異**であることがわかります。というのも、売上高が大きくなればなるほど、その成長率は低下していくのが普通ですが、GAFAで最大の売上高を持つ**アマゾンは10年前から成長率が大きく変化していないためです。**グーグルの倍近くの売上を出しながらも、どうして売上高成長率を高くキープできるのでしょうか？

図 4-2　**GAFA の売上高成長率推移**

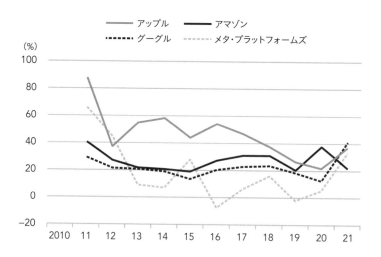

このアマゾン成長率の謎を、決算書からひも解くうえで重要な指標がいくつかあります。1つは**売上高研究開発費率（Section 2）**、2つ目が**対営業CF設備投資率（Section 3）**、そしてもう1つが**フリーキャッシュフロー（Section 4）**で、いずれも成長性のカテゴリーとして考えることができます。以降のセクションで、詳しく見ていきましょう。

2

売上高研究開発費率
—— 新規開発への積極性を測る

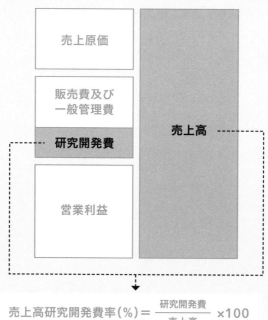

PL

売上原価

販売費及び
一般管理費

研究開発費

営業利益

売上高

$$売上高研究開発費率(\%) = \frac{研究開発費}{売上高} \times 100$$

使い方 この指標は、経営者だけでなく現場レベルでも使われるもので
す。特にIT企業や製造業では、技術や競争優位を獲得するべ
く研究開発に積極的に取り組む傾向があります。そのため、企
業に投資する投資家にとっても重要な指標となります。

注意点 この指標を見る最終目的は、研究開発後に期待される「研究成
果」です。売上規模の異なる会社同士で指標を見ても、成果が
出る確率が高いのは投資「額」が大きい方になる傾向にあるの
で、当指標と合わせてチェックする必要があります。

売上高研究開発費率は
「将来に向けどれだけ種をまいているか」を測る指標

　企業が成長するために研究開発費にどれだけ投じているかが重要になります。将来の収益のために、種をまいているのと同じことです。**売上高研究開発費率は、企業が得た売上のうちどれくらい研究開発に投じているかを示すもので、潜在的な成長率を測る指標**になります。

Case Study 1

アマゾン vs グーグル vs マイクロソフト
──「世界一」投資に積極的な企業

　世界を代表する企業はどれほどの研究開発費を投じているのでしょうか。図4-3が比較分析の結果です。

図 4-3　**世界的企業が投じている研究開発費**

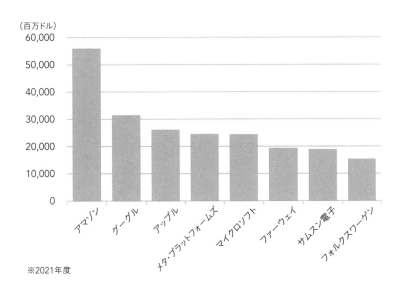

※2021年度

191

この棒グラフは、2021年度の研究開発費を比較したものですが、**GAFAMの5社はかなり高い研究開発費を投じている**ことがわかります。その中でも、1社だけ飛びぬけている企業がアマゾンです。2位のグーグルの2倍近くの金額を研究開発に向けていることがわかります。まずは、アマゾンの売上高研究開発費率について調べてみましょう。

アマゾンの場合、決算書内の記載金額のすべてが研究開発費にあたらないことに注意が必要です。アマゾンの10K（表4-1）を見ると、研究開発費が記載されるかわりに「テクノロジーとコンテンツ」という項目があり、その中身にはAWS（Amazon Web Service）関連のサーバー、ネットワーク機器、データセンターの減価償却費などが含まれているのです。

表 4-1　**PL から見るアマゾンの研究開発費推移**

	2019	2020	2021
製品売上（ネット）	160,408	215,915	241,787
サービス売上（ネット）	120,114	170,149	228,035
合計売上	280,522	386,064	469,822
営業費用			
売上原価	165,536	233,307	272,344
フルフィルメント	40,232	58,517	75,111
テクノロジーとコンテンツ	35,931	42,740	56,052
マーケティング費用	18,878	22,008	32,551
一般管理費	5,203	6,668	8,823
その他の費用	201	-75	62
営業費用合計	265,981	363,165	444,943
営業利益	14,541	22,899	24,879

単位：百万ドル

通常であれば**AWSを運用するための必要コストは売上原価への計上になりそうですが、アマゾンは研究開発費として計上しています**。ただ、それらコストを差し引いても、アマゾンはかなりの金額を研究開発に向けていることには間違いないでしょう。

　ではアマゾンの売上高研究開発費率の推移を、その他企業と比較しながら見ていきたいと思います（図4−4）。対象企業は、最近のトレンドである人工知能への投資にかなり積極的になっているグーグルとマイクロソフトを取り上げました。

　2010年ごろまでは、アマゾンは売上高に対して、他と比較してもそれほど大きな割合の研究開発費は使っていませんでした。それ以降は、**かなりのハイペースでその比率を伸ばしてきている**ことがわかります。アマゾンはこの時期に一気にAIやAR/VR（拡張現実/仮想現実）への投資を積極的に増やしていきました。具体的な成果としては、AIを使った倉庫内作業の自動化による物流の効率化や、

図 4-4　**アマゾン、グーグル、マイクロソフトの売上高研究開発費率推移**

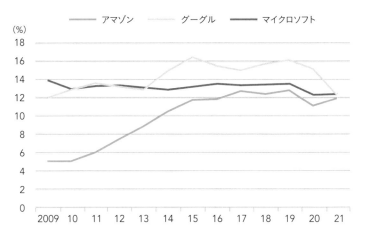

ARを使った家具やメイクなどの商品を購入する際のイメージサービスなどが挙げられます。2010年ごろから実施していたこれらの投資が、現在のアマゾンの強みになっていることは間違いないでしょう。

製薬企業各社
── 高いリスクを負って高成長を目指し続ける業種

　昨今の研究開発費ランキングを調べると、その上位はほとんどがテクノロジー企業か自動車産業であることがわかります。しかしながら、それら以外でも研究開発を積極的におこなう業種があります。それは**製薬企業**です。

　製薬企業の場合、研究開発に多額のお金を投じたとしても、必ずしも臨床で使用されるような成果が出るわけではありません。というのも、昨今の新薬開発は非常に難しいためです。発症の仕組みがわかっているような生活習慣病は長年研究されてきており、それらの治療薬は開発されつくしたエリアになります。一方で、ガンやアルツハイマーなどの難病は、「こうすれば良くなる」という方法論がいまだ確立されていません。そのため試行錯誤を繰り返す必要があり、必然的に研究開発費がかさむのです。すなわち**製薬企業は、そのビジネスや市場の特性上、高いリスクを背負わなければ、継続的な成長を目指すことはできない**のです。

　ということで、現在大手のグローバル製薬企業としてカテゴリーされている7社の売上高研究開発費率の推移をグラフにしてみたところ図4-5のようになりました。

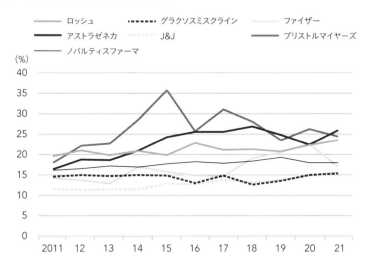

図 4-5　製薬企業の売上高研究開発費率推移

グラフを見ると、**グローバル製薬企業は平均20%程度の研究開発費率**であることがわかります。グローバルテクノロジー企業であるGAFAMやテスラの研究開発費率が大体10%前半であることを考えると、売上の20%近くを研究開発に使う製薬企業各社の必死さが伝わってきます。

近年はバイオ医薬やiPS細胞等を用いた細胞治療、遺伝子治療など、さまざまな医薬品開発のオプションが広がっています。いままでとは異なる分野に進出することになれば、**製薬企業は研究開発費だけでなく、人材の確保や研究設備への投資も不可欠になる**でしょう。

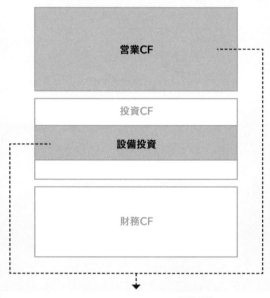

$$\text{対営業 CF 設備投資率}(\%) = \frac{\text{設備投資}}{\text{営業CF}} \times 100$$

使い方　この指標は、主に経営者が見るものです。設備投資は将来への
投資であり、十分な利益を生むという期待から実施されます。
営業CFのうち、どれだけ必要な設備に投資したかを示す対営
業CF設備投資率は、その企業の将来の成長を予想するという
意味でも重要です。

注意点　無駄な設備投資に使ってしまう可能性もあることに注意が必要
です。

対営業CF設備投資率は
「将来に向けた準備の姿勢」を測る指標

次に対営業CF設備投資率を見ていきます。**設備が時代遅れなもので
あれば、将来の収益はあまり期待できません。**そのため設備投資はとて
も大切です。同時に、あまり収益をもたらさない無駄な設備も企業には
存在するでしょう。**経営者の設備投資・処分への積極性も、その企業の
今後の成長を左右するものです。対営業CF設備投資率からは、企業の
設備投資・処分への積極性を読み取ることができます。**

こういった、**設備投資等の姿勢やSection 2で紹介した研究開発への
投資を決算書で判断する場合、CFSはそのヒントをくれます。**

そして、これらを指標としてまとめたのが対営業CF設備投資率で
す。ここでなぜ、分母が売上高ではなく、営業CFなのかという疑問が
湧くでしょう。理由は、「**本業で稼いできたキャッシュ**」のうちどれほ
どの割合を設備投資に向けようとしているのかを見るためです。これ
は、**どれだけ経営者が挑戦をしようとしているかの表れでもあり、将来
に向けた準備をしていると見なすことができるのです。**

Case Study

アマゾン vs グーグル vs マイクロソフト
── 飛びぬけているアマゾンの投資への積極性

では、アマゾンのCFSの状況を確認して、同社の成長への取り
組みを見てみましょう。図4-6は2021年度のアマゾンのキャッ
シュフローを図解したものです。

この営業CFの中には、研究開発費が含まれています（R&Dは純

図 4-6　アマゾンの CFS

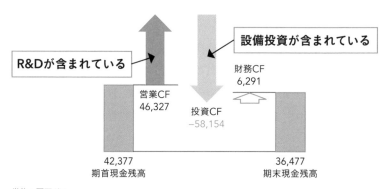

R&Dが含まれている

設備投資が含まれている

営業CF
46,327

投資CF
−58,154

財務CF
6,291

42,377
期首現金残高

36,477
期末現金残高

単位：百万ドル
※2021年度

表 4-2　アマゾンの投資 CF 内訳

投資活動:	2019	2020	2021
有形固定資産の購入	(16,861)	(40,140)	(61,053)
有形固定資産等の売却による収入	4,172	5,096	5,657

単位：百万ドル

利益を求めるまでに差し引かれる項目です）。また、表4-2はCFS
の一部切り抜きですが、**アマゾンが多額の設備投資をおこなってい
ることがわかります**。設備購入金額（マイナス）から設備売却金額
（プラス）を引いた2021年度の金額は、2020年度と比較しても
58％増となっています。

　では、アマゾンの対営業CF 設備投資率を時系列で追ってみま
しょう（図4-7）。今回も売上高研究開発費率の分析と同様、グー
グルとマイクロソフトを比較企業としました。

　全体を通して、**アマゾンの対営業CF設備投資率は増減が激し**

図 4-7　アマゾン、グーグル、マイクロソフトの対営業 CF 設備投資率推移

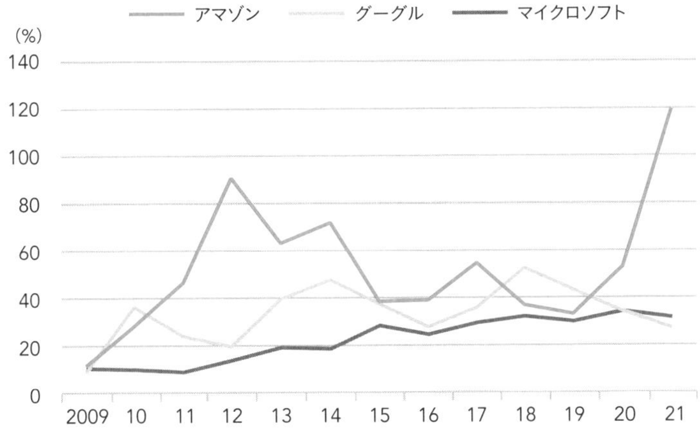

く、他2社は比較的安定的に推移している**ように見えます。それで
も、アマゾンは営業CFに比して大きな金額を設備投資に投じてい
るため、総じて他社より高い数値になっている**ことがわかります。

　対営業CF設備投資率が高い数値になる理由は、営業CFが業績
不振で低迷という場合もあれば、多額の研究開発費計上で営業CF
が少なくなってしまった場合など色々考えられますが、**アマゾンの
場合積極的な投資をしている**ことに間違いはないようです。

　例えば、**2021年度のアマゾンはこの比率が100%を超えていま
す。**過去10年からするとこの年は少し異常な値とも判断できます
が、これも積極的な投資意欲の表れと考えることができます。**この
ように積極的な設備投資と研究開発への投資をおこなっているから
こそ、アマゾンは事業を継続的に成長させることに成功している**の
です。

フリーキャッシュフロー（FCF）
──「どれだけ自由に使えるお金があるか」を測る

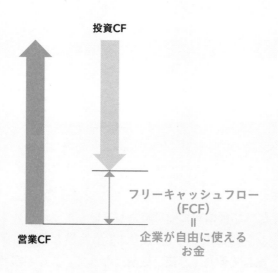

投資CF

フリーキャッシュフロー
(FCF)
＝
企業が自由に使える
お金

営業CF

使い方 この指標は、経営者と投資家どちらにとっても重要な数値です。この指標の大きさで、企業の健全性がわかります。投資を抑制すると企業は成長できません。一方で、経営実態に合わない過剰投資をして、経営悪化をもたらすこともあります。すなわち、フリーキャッシュフローは投資レベルの妥当性を示してくれるところがポイントになります。

注意点 安定期やリストラをしている場合には、フリーキャッシュフローはプラスのほうが望ましいですが、成長期の場合は成長を追わなければいけないためフリーキャッシュフローはマイナスでも問題ないといえます。すなわち、企業の成長ステージによって見方が異なってくることに注意が必要です。

フリーキャッシュフローは
「企業が自由に使えるお金」を示す指標

　さて、Section 3で営業CFを使った指標を紹介しましたが、それと同程度に大切な指標が**フリーキャッシュフロー（Free Cashflow）**になります。**フリーキャッシュフローとは、その企業が事業活動で稼ぎ出した現金のうち、企業が自由に使えるお金のこと**を指します。事業活動で稼ぎ出した現金とは営業CFのことなのですが、**営業CF全額を自由（フリー）に使えるわけではありません。**なぜかというと、企業が事業を継続していくためには、儲けた一部を投資に回す必要があるためです。そして、この**営業CFから投資CFを差し引いたものが、企業が自由に使えるフリーキャッシュフローになる**わけです。ちなみに、ここで財務CFを含めていないのは、本業から生み出すCFに焦点をあてているためです。

　では、フリーキャッシュフローはどのような使い道があるのでしょうか。大きく分けると以下の3つになります。

1　株主への分配（配当）
2　新規事業などへの投資、M&Aの原資
3　借入金の返済

　1については、事業計画の際に出資してくれた株主への還元であり、2については、成長や事業規模拡大戦略としての新規投資やM&Aが株主から認められれば実現可能です。最後に3では財務体質の健全化やリスクへの耐性強化に利用できるキャッシュを持つわけです。

　昨今では、**フリーキャッシュフローを経営指標の1つとしている企業も増えています。**なぜフリーキャッシュフローは大切なのでしょうか。

【成長性】企業が「どれだけ成長力を秘めているか」がわかる6つの指標

大きく分けると2つの理由があります。

1つ目の理由は、**フリーキャッシュフローを見れば、年間を通して企業の事業活動でどれだけ世に価値を生み出したかわかる**からです。そして、企業が生み出す価値を企業価値といいますが、**それはある企業が将来稼ぐと予想されるキャッシュを現在の価値に直したもの**です。これはすなわち、**フリーキャッシュフローが企業価値創出の源泉**であるということを意味します。企業価値を最大化することを経営目標としているならば、当然フリーキャッシュフローは重要な指標となるのです。

もう1つの理由が、**キャッシュフローは嘘をつかない**からです。過去にはPLの数字だけを見て経営判断をしたばかりに、黒字にもかかわらず倒産してしまった企業がいくつもあります。これは、たとえ**売上があったとしても、現金化されているかを確認せずに誤った経営判断をしてしまった**ケースです。もし、手元に現金が入ってくる前に、仕入先への支払要求期限が来てしまったら「支払不能」となり、最悪のケースでは倒産になってしまうのです。企業を成長させるために必要なものは当然その収益力ですが、そのためには企業を守れる安全性も持たなければなりません。フリーキャッシュフローはその面に加えて、**将来の成長性を見通す指標としての要素も含まれている**のです。

Case Study **1**

アマゾン
── 圧倒的な営業CFの大きさがフリーキャッシュフローを牽引

Section 3に引き続き、アマゾンを分析していきます。というのも2020年までアマゾンのフリーキャッシュフローは右肩上がりに伸びており、この背景を知ることはアマゾンの圧倒的な成長力を考

えるうえで、とても大切だからです。

　図4-8は過去10年間のアマゾンの当期純利益、営業CFそして
フリーキャッシュフローの推移を表したものです。これを見ると、
**アマゾンのフリーキャッシュフローは、2021年度はマイナスに
なっていますが、それまでは右肩上がりになっていた**ことがわかり
ます。

　一般的に、フリーキャッシュフローを増加させる要因は、大きく
2つあります。1つは純粋に**当期純利益が増加した場合**です。当期
純利益が増加すれば、それに応じて営業CFは大きくなり、フリー
キャッシュフローも増加します。グラフのとおり、アマゾンはここ
10年で純利益をかなり伸ばしていることがわかります。

　もう1つは、**投資CFがプラスに働いた場合**です。投資CFがプ
ラスということは、設備を売却するなどしてキャッシュインする場

図 4-8　**アマゾンの純利益、営業 CF、FCF の推移**

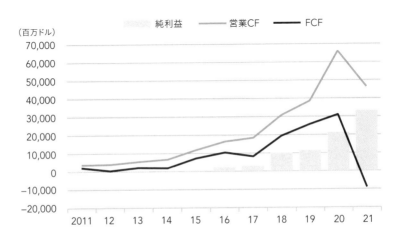

合をいいますが、アマゾンに関してはそれにあてはまりません。Section 3で説明したとおり、アマゾンは多額の設備投資をおこなっているためです。投資の手を緩めるどころか、むしろ積極性は増しています。

　ということは、**アマゾンの場合、営業CFの大きさがフリーキャッシュフローの大きさに影響している**ことになります。

　それにしてもアマゾンが常に高い営業CFを確保できるのはなぜでしょうか。ひとことでいうと、**アマゾンのビジネスには一定のキャッシュが生まれる仕組みがある**のです。このキャッシュ製造の仕組みこそがアマゾンにとって、必要不可欠なものであり、成長の秘密なのかもしれません。アマゾンのキャッシュ製造の仕組みについては、Section 5で詳しく解説します。

Case Study **2**

ブッキングドットコム
── 営業CFとフリーキャッシュフローの推移から投資額を読み取る

　次にアマゾンと同様にITサービスを提供している企業の1つを分析してみます。ここで取り上げるのは**ブッキングドットコム（Booking.com Inc.）**です。COVID-19によるパンデミック以前は、ブッキングドットコムで予約して海外旅行へ行かれた方も多いのではないでしょうか。

　アマゾンでの分析と同様に、純利益、営業CF、フリーキャッシュフローで比較すると図4-9のようになりました。

図 4-9　**ブッキングドットコムの純利益、営業 CF、FCF の推移**

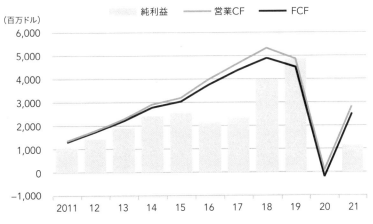

ブッキングドットコムは、COVID-19の影響を受けた2020年までは とにかく好調でした。同社の売上は**代理店売上（Agency revenues）**という、仲介者として手数料をとるというアプローチと、ブッキングドットコム自身が予約実行から決済までをやる**マーチャント売上（Merchant revenues）**に分けられており、前者が利益を生み出す大きな要因でした。というのも、**代理店モデルは基本的に売上原価が存在しないので、売上が増えるとコスト構造が優位に働くため**です。

　グラフを見ると、**営業CFとフリーキャッシュフローの間にほとんど乖離がありません。**当期純利益も多額に計上していた同社のビジネスは、**多額の営業CFを生み出しているのにもかかわらず、設備投資にお金をかけていない**のです。図4-10は、営業CFと投資CF内の設備投資額（追加分）の推移をグラフ化したものです。

　ブッキングドットコムは、稼いだキャッシュの一部を自社株買い

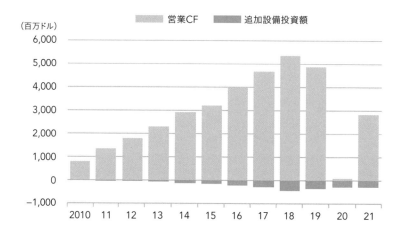

図 4-10　ブッキングドットコムの営業 CF と追加設備投資額推移

などに使っていますが、**自社の成長に向けてあまり投資がおこなわ
れていないところは少し注目したほうが良い点かもしれません。**

キャッシュコンバージョンサイクル（CCC）
―― 運転資金をうまく回し続ける仕組みができているか

CCC（日）＝在庫回転期間＋売掛債権回転日数－仕入債務回転日数

■ 在庫回転期間（Chapter 3 Section 6）：
商品を仕入れてから販売するまでの日数【$\dfrac{\text{在庫}}{\text{売上原価}/365}$】

■ 売掛債権回転日数：
未回収の売掛債権を回収するまでの日数【$\dfrac{\text{売掛債権}}{\text{売上高}/365}$】

■ 仕入債務回転日数：
未払いの仕入債務を決済するまでの日数【$\dfrac{\text{仕入債務}}{\text{売上原価}/365}$】

使い方　この指標は、経営者や従業員どちらにとっても大切です。キャッシュ不足改善のために必要な対策を示してくれます。また、この数値の改善は、長期的には企業価値の向上につながるため、投資家にとっても重要な数値となります。

注意点　CCCの短縮化が必ずしも100％良い結果になるとは言えません。例えば、売掛金（売上債権）を遅くもらうことで別途金利を得ることもありますし、買掛金（仕入債務）を早く支払うことで支払総額のディスカウントをしてもらうこともあり得ます。キャッシュも大事ですが、すべての要素を加味した分析をすることが大切です。

CCCは「キャッシュを手元に残す仕組みがあるか」を測る指標

Section 4で、「**キャッシュを生むエコシステム**」を持っているため、アマゾンは設備投資や研究開発に多額の費用を費やしてもフリーキャッシュフローを潤沢に保有できていると解説しました。

この「キャッシュを生むエコシステム」を調べるために必要な指標が、**キャッシュコンバージョンサイクル（CCC、Cach Conversion Cycle）**です。聞いたことがない人も多いかもしれません。日本語では**現金循環化期間**ともいわれますが、簡単にいうと**仕入れから売上の現金回収までの期間**のことを指します。

CCCをうまくビジネスモデルに組み合わせることにより、キャッシュが常に手元にある状態を維持できる、これがアマゾンの戦略なのです。

通常、企業同士のビジネスシーンでは、キャッシュでの取引がおこなわれることはあまりなく、掛けでの取引が一般的です。すなわち、売上や仕入れがあっても、実際のキャッシュの受け渡しはその後になります。少し関係性が複雑なので、「営業サイクル」のイメージ例を使って説明していきます（図4-11、図4-12）。

まず、営業のためには商品が必要です。そのために仕入れをするでしょう。しかしこの支払いは契約で決められた期日（例：2か月後）ということになります。そして仕入れた商品を販売するわけですが、すぐに売れるわけではありません。在庫として例えば1か月倉庫に保管され、その後販売されたとしましょう。しかし、販売後にすぐにキャッシュが入ってくるわけではありません。これもまた契約で決められた期

図 4-11　営業サイクルのイメージ（資金不足）

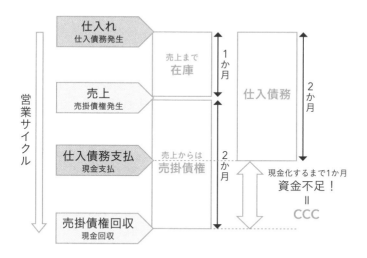

図 4-12　営業サイクルのイメージ（資金余剰）

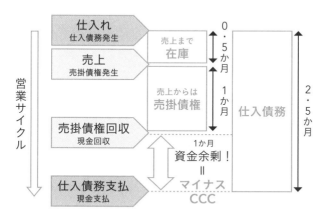

日（例：2か月後）に入金されることになるわけです。

　ここでの重要なポイントは、**商品仕入から入金まで3か月かかるの**

に、仕入れの支払いは2か月後に発生してしまうということです。この場合、**1か月は運転資金が不足の状態になる**ため、借入などで調達しなければなりません。

　この運転資金が不足する日数を表す指標を、CCCと呼ぶのです。すなわち、**CCCが短ければビジネスの現金化期間が短いということなので、資金繰りに優れている**ということになります。

　そして、もしCCCがマイナスになると、図4−12のように資金余剰状態になります。これは、すなわち**営業CFを増加させる要因**になるのです。

アマゾン vs ウォルマート vs コストコ
── 資金不足とは程遠い、アマゾンのキャッシュを蓄積する仕組み

　ではアマゾンのCCCはどの程度なのでしょうか。在庫が一般的に存在する一般消費財企業で比較してみましょう。**ウォルマート（Walmart Inc.）** と**コストコ（Costco Wholesale Corporation）** を加えて分析したところ図4−13のような結果になりました。

　グラフのとおり、**アマゾンは唯一マイナス領域**にいます。これは、アマゾンの稼ぎ頭の1つである**サードパーティ（マーケットプレイス）ビジネス**が大きく関係しています。

　サードパーティ（外部業者）はアマゾンのプラットフォームを使って自社の商品を販売するのですが、商品が販売されるとその販売代金は一時的にアマゾンに入金されることになります。そして、

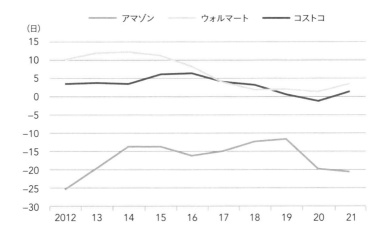

図 4-13　**アマゾン、ウォルマート、コストコの CCC 推移**

凡例: アマゾン　ウォルマート　コストコ

手数料が引かれて販売会社に支払われます。アマゾンは、この**販売会社への支払期間を引き延ばすことにより、キャッシュをためる仕組みをつくっている**のです。マーケットプレイスを利用している販売会社は、アマゾンでの販売効果が大きいことを鑑み、アマゾンからの「代金支払までの期間の長期化要求」を許容しているのです。

　ウォルマートやコストコのデータからわかるとおり、**通常CCCはプラスになることが多いため、借入などをして資金不足をなんとかしなければいけません**。事業が大きくなればなおさらのことです。しかし、アマゾンは違います。事業が大きくなるほど無利息で運用できるキャッシュを増加させているのです。当然、これらのキャッシュを研究開発などに使うことができるので、さらに企業価値を高めることができるのです。

Chapter 4

【成長性】企業が「どれだけ成長力を秘めているか」がわかる6つの指標

211

アップル vs ヒューレット・パッカード
—— キャッシュ不足から一転、
　　キャッシュリッチに変わったヒューレット・パッカードの秘策

　じつはアマゾンと同様にマイナスのCCCを持っているのが**アップル**です。コンピューター関連の製造をおこなっている**ヒューレット・パッカード（HP Inc.）**と比較したところ図4-14のような結果となりました。

　アップルのCCCはヒューレット・パッカードと比べて、かなり短いことがわかります。加えて、アップルのすごいところは、在庫回転期間が1桁台で推移しているということでしょう（Chapter 3 Section 6参照）。これは**アップルが不要な在庫は持たず、つくったらすぐに販売できる体制ができており、CCCが短くなっているということ**なのです。

図 4-14　**アップル、ヒューレット・パッカードの CCC 推移**

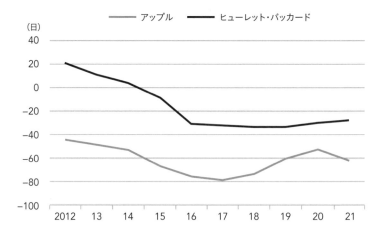

また、**アップルの仕入債務回転日数は非常に長く、ここ数年では100日を超えている年度もあります**。これはすなわち、アップルは契約しているサプライヤーに対して、材料の仕入代金の支払いを仕入れた後約3か月以上も先に延ばすことができるということです。その結果、**アップルのCCCはさらに短くなっているのです**。

　一方で、1990年代半ばまではアップルのCCCはプラスでした。現在のCEOであるティム・クック主導のもとに徐々に改善していき、ついに大きなマイナスにまで到達したのです。ティム・クックは世界中の外部生産企業と供給委託契約を結び、在庫コントロールをおこないました。市場の需要を把握しながら製品供給をおこなったことにより、無駄な在庫を持つことがなくなったのです。

　CCCがマイナスになったことで潤沢なキャッシュを持ち続けられるようになり、その分余裕が出たキャッシュをiPhone開発やMac bookの開発投資に向けることで、イノベーティブな製品を世に送り出していったのです。

　ヒューレット・パッカードもまた2015年度から2016年度にかけてプラスCCCからマイナスCCCへと大転換しました。

　そのきっかけとなったのが、2015年度におこなわれた**会社分割**です。法人向けのサービスであるソフトウェアやサーバー事業をヒューレット・パッカードエンタープライズ（Hewlett-Packard Enterprise）が、PC及びプリンティング事業を今回の分析対象であるヒューレット・パッカード（HP Inc.）が受け継ぐことになりました。

以前のヒューレット・パッカードは、企業規模が大きすぎてリソースを適切に配分できず、選択と集中ができていない状況でした。研究開発費も取り合いが生じたため、非効率な経営がおこなわれていたのです。

　2015年度の会社分割によって、リソース配分の非効率が解消、オペレーションが改善されることとなりました。その結果、マイナスCCCを達成することができたと考えることができます。

6

のれん・売上高・ROA
—— M&Aの「シナジー効果」を測る

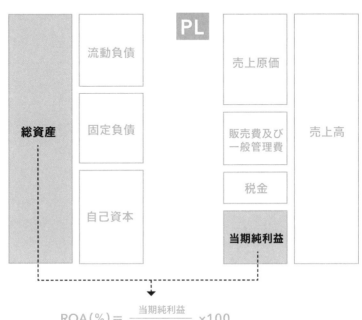

$$\text{ROA}(\%) = \frac{\text{当期純利益}}{\text{総資産（平均）}} \times 100$$

使い方　これらの指標に注目するのは、M&Aを検討する経営者（買収側・被買収側）や投資家です。その理由は、M&Aの成功・失敗を判断する基準が明確になり、また今後企業の改革を後押ししてくれるためです。

注意点　実際のM&Aシナジーでは、将来のキャッシュフローをベースに現在価値に割り引いて効果を測定することが多いです。売上高が短期的に上がったとしても、M&Aによってコスト削減や資産圧縮されているだけのことがあるため、売上ベースで評価をする場合には中長期的に考えることが大切です。

M&Aの効果を測るには「のれん・売上高・ROA」を使う

　自社の成長に必要な経営資源を得るためには、アマゾンのように研究開発に力を入れることが1つの方法です。しかし、もし予測を間違えてしまうと、想定を下回る成果しか出せずに、結果としてライバルに負けてしまうこともあります。

　その代替手段として、経営資源の取得を外部に求めることがあります。その方法の1つが**M&A（Merger and Acquisition）**です。これは他社がすでに保有している目に見える有形資産だけでなく、ブランド・ノウハウ・技術・顧客との関係・有能な従業員など目に見えない資産もライバルに差をつけるために買ってしまうのです。

　ただし、M&Aの実行は決して容易なものではありません。**M&Aの効果の有無は、M&A後にしかわからない**ためです。では、経営者は買収先の選定や最終決断をどのような基準で下すのでしょうか？

　その判断基準になるのが、事業間での**シナジー**です。**シナジーとは一般的に、複数の企業が事業で提携などをおこなうことによって、足し合わせた以上の相乗効果を生み出すこと**を指します。すなわち、こうした企業統合にプラスαの効果があることを期待することです。具体的には以下のような効果です。

■ コストの削減
■ 売上高増加
■ 販売網の増加（既存製品・新製品）
■ 知的財産の共有
■ 業務プロセス改善

■ 設備などの共有
■ 節税

　では、M&Aにより企業成長にプラスαの効果があったかどうかを評価する場合、決算書のどこを見れば良いのでしょうか？

　1つは「**のれん（Goodwill）**」です。**のれんとは、あるＡという企業がＢという企業を買収したり、合併したりする際に生じる「自己資本と買収価格の差額**」を指します。のれんの語源は、店の入り口に垂れ下がる暖簾で、この暖簾が知名度やブランドにつながるものとイメージすると良いでしょう。この暖簾（＝ブランド）のおかげで他社と差別化を図って売上を伸ばすことが可能になるわけです。ただ、これは目に見える資産ではないため、企業価値である自己資本に直接表れることはありません。そのために、**M&Aがおこなわれる際には、この目に見えない価値を含めた企業価値を測定する必要がある**のです。

　もし、**買収価格が企業価値を上回る場合には、買収プレミアムとなりBSの無形固定資産として計上される**ことになっています（ただし、のれんは、日本の場合は毎年償却するルールである一方で、米国基準やIFRS（国際会計基準）だと償却はせず、毎年減損テストをして、毀損していれば減損処理をする方法が採用されています。まったく異なる会計処理のため注意が必要です）。

　もう1つが**売上高の変化**です。M&Aで企業を買収したわけですから、その後はシナジー効果を享受して、売上が増加していることが期待されます。

　最後に、すでに学習した**ROA**（Chapter 2 Section 3）の**推移**です。

ROAは企業全体として投資した資金がどのように活用されて、リターンを生み出したのかを見る指標でした。

のれん、売上高の変化、ROAの推移を見ることでM&Aの効果をある程度測ることができます。ここでは2010年以降に起きたメガM&Aの中から3つのケースを取り上げ、それぞれが買収企業にどのような効果をもたらしたのかを見ていきましょう。

Case Study 1

クラフト×ハインツ
── シナジーを生むことができなかった食品業界の巨人同士の合体

ROE（Chapter 2 Section 4）でも取り上げた**クラフト・ハインツ（クラフトとハインツ）**について、M&Aの視点から解説していきましょう。多くの有名ブランドを保有する米国食品・飲料大手のクラフトフーズは2015年初旬、ケチャップで知られる同業のH・J・ハインツと合併すると発表しました。この合併で年間売上高は約280億ドル（当時の為替レートで約3兆3400億円）となり、食品・飲料分野で世界5位、北米で3位の企業規模になると報道されました。

ただ、両社ともに成長が速いナチュラルブランドやオーガニックブランドとの厳しい競争に晒されていて、生産が縮小傾向にありました。そのため、自社商品に対する需要低下に苦しむ企業が、似たような問題を持つ同業他社を買収することは疑問視されていました。そんな中、このM&Aはうまくシナジーを発揮することができたのでしょうか。

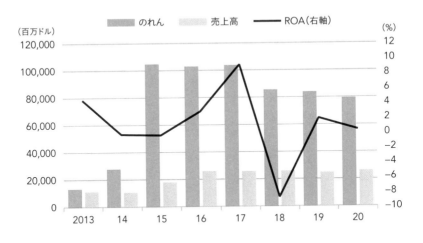

図 4-15　クラフトとハインツの M&A 効果

（凡例）のれん　売上高　ROA（右軸）

（百万ドル）　　　　　　　　　　　　　　　　　　　　（%）

図4-15を見ると2015年に**のれんが一気に増加**していることがわかります。**売上とROAも増加したのですが、2018年の不正会計発覚の影響でROAが急降下、その後売上を伸ばせていません。** 米国における加工食品のうち20%近くをクラフト・ハインツが占めていながら、ミレニアル世代など若い人たちから敬遠されてしまったことが売上高低迷の原因になったと思われます。この後、**M&Aの効果は思ったほどなかったとして、2018年に減損処理をしたため、のれん額も減少する**ことになりました。

Case Study **2**

デル×EMC
—— デルを世界最大の総合ITインフラに導くM&Aの成功

　2015年秋、**デル**は**EMC**（EMC Corporation）を670億ドル（当時の為替レートで約8兆円）で買収すると発表しました。そして、その目的は、デルを世界最大の総合ITインフラにすることだった

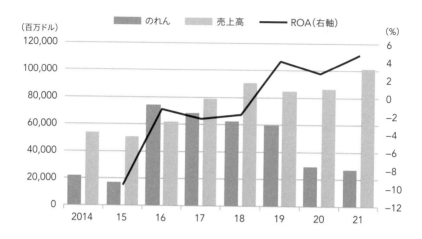

図 4-16　**デルの M&A 効果**

とCEOマイケル・デルは語っています。前出のヒューレット・パッカード（Section 5）は、経営資源を最適にするために会社分割をして競合他社に対抗しようとしましたが、その正反対に舵を切ったデルの成果はどうだったのでしょうか。のれん、売上高、ROAの側面から分析してみましょう（図4-16）。

　デルの場合、**EMC買収後にのれん・売上高がともに増加し、そしてROAも徐々に上昇している**ことがわかります。EMCを買収したことにより、既存の製品ラインだけでなくデータストレージを加えることで顧客に幅広いソリューションを提供することができるようになりました。結果的に**市場シェアと売上を拡大させることができた成功事例**といえるでしょう。

T-モバイル×スプリント
── 重くのしかかる買収費用の金利負担

　最後は携帯産業を分析してみましょう。2001年に、ドイツテレコムが、240億ドルでボイスストリームを買収してできたのが**T-モバイル（現在はT-Mobile US, Inc.）**になります。現在、加入者数では米国3位の携帯電話事業会社です。T-モバイルは2018年に、ソフトバンクを親会社に持つ米国4位の携帯電話事業会社である**スプリント（Sprint Corp.）**を買収しました。

　ただ、以前より2社の合併には大きな問題が発生していました。それは司法省などの規制当局の反対です。というのも、当局にとってこの合併を許してしまうと「競争企業が4社から3社になってしまい料金が高止まりする」という懸念があったためです。

　そして2020年、ついに条件付きで合併が了承されることになりました。この2社の合併はどのような成果を生んだのでしょうか。検証してみましょう（図4-17）。

　2020年のスプリントとの**合併後に多額ののれんが計上されていますが、これと同時に売上高も一気に増加**しています。一方で、**ROAは急激に低下**しています。この原因は**合併に向けて発行した負債の金利が重くのしかかっている**ためと考えられます。2019年と2020年を比較すると金利負担は7.3億ドルから25億ドルへ跳ね上がっており、ROAの分子である純利益を思うように伸ばすことができていないのです。

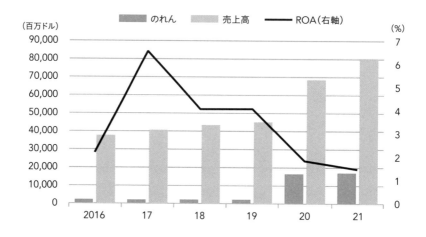

図 4-17 **T-モバイルの M&A 効果**

今回のM&Aによって米国内では業界3位となりましたが、営業利益率や純利益率も伸びているわけではありません。2022年9月にスプリントが保有していた有線事業を売却する決断をしたのも、**スプリントとの合併でうまく相乗効果を出せなかったからかもしれません。**ただし、選択と集中が進むことで、今後T-モバイルの業績が変わる可能性があるため、短期目線で判断をしないほうが良いでしょう。

デュポン分析でROEを分解する

デュポン分析で何がわかるのか

　昨今ではROE以外にもたくさんの指標がありますが、株式アナリストやファイナンスのプロはまずROEに注目します。**ROEは、企業のオーナーである株主に対してどれだけの収益（純利益）を還元しているかを表す**ものだからです。そして一般的な話だと、**高いROEを持つことは、すなわち、株主にとって投資収益が高い**と考えることができるのです。

　ただ、**そのROEの高低だけで判断するのではなく、「ROEがその数値になっている源泉は何か」を調べるためにデュポン分析と呼ばれる手法を使ってROEを分解します。**デュポン分析は、企業の財務状況を分析する方法で、20世紀はじめに米国の化学企業デュポンが最初に実施した方法のことです。

　ROEを分解すると以下のような式になります。

$$ROE(\%) = \frac{純利益}{売上高} \times \frac{売上高}{総資産} \times \frac{総資産}{自己資本} \times 100$$

　これは、**ROEを①当期純利益率（Chapter 2 Section 2）、②総資産回転率（Chapter 2 Section 5）、③財務レバレッジ（Chapter 3 Sec-

tion 3参照）に分解したものです。この式から、ROEを高めるために必要なことは、①売上高に対する純利益の比率を高めること、②資産に対して大きな売上高を持つようにすること、③自己資本の比率を下げる、もしくは負債を増加させることの3点だとわかります。

　本書に登場した企業のうちいくつかを実際にデュポン分析し、まとめたものが表4-3です。

　この表を見ると、ROEの3つの要素で、財務レバレッジが一番インパクトが大きいように見えます。以下では、その感覚が正しいことを証

表4-3　**デュポン分析の結果**

企業	ROE	=	当期純利益率	×	総資産回転率	×	財務レバレッジ
コカ・コーラ	44.6%		25%	×	0.43	×	4.1
ペプシコ	47.5%		10%	×	0.86	×	5.76
アリババ	6.5%		7%	×	0.5	×	1.79
バイドゥ	5.2%		8%	×	0.35	×	1.8
ファイザー	30.5%		27%	×	0.48	×	2.35
アストラゼネカ	0.3%		0%	×	0.43	×	2.68
メルク	36.4%		27%	×	0.49	×	2.77
IBM	27.9%		10%	×	0.4	×	6.98
アドビ	34.3%		31%	×	0.61	×	1.84
アクセンチュア	32.5%		11%	×	1.36	×	2.14
SAP	14.9%		19%	×	0.43	×	1.83
ディズニー	3.3%		4%	×	0.41	×	2.14
ワーナーブロス	8.8%		8%	×	0.36	×	2.97
ウォルマート	16.2%		2%	×	2.3	×	2.94
コストコ	29.5%		3%	×	3.68	×	3.11
エクソン	13.7%		8%	×	0.82	×	2.01
シェブロン	11.2%		10%	×	0.65	×	1.72
ブッキング	19.5%		11%	×	0.48	×	3.83
エクスペディア	−14.1%		−3%	×	0.43	×	10.48

明していきましょう。

【比較例】

　オレンジ社が100万ドルを調達するために次の2つの方法のどちらが良いか検討していたとしましょう。

①100万ドルすべて1株100ドルの新株を1万株発行して調達
②50万ドルは1株100ドルの新株を5000株発行して調達、残りの50万ドルを借入で調達

　そして、オレンジ社の営業利益を不況、平時、好況の3つに分けて、それぞれ、4万ドル、20万ドル、40万ドルと仮定し、金利を10%で固

表 4-4　**負債の有無で ROE と EPS が変わる**

①『負債なし』のケース

景気	不況	平時	好況
営業利益	40,000	200,000	400,000
支払金利	0	0	0
当期純利益	40,000	200,000	400,000
ROE	4.0%	20.0%	40.0%
1株当たり利益（EPS）	4	20	40

BS情報

資産	1,000,000
負債	0
自己資本	1,000,000

その他情報

金利	10%
発行済み株式数	10,000

②『負債あり』のケース

景気	不況	平時	好況
営業利益	40,000	200,000	400,000
支払金利	50,000	50,000	50,000
当期純利益	−10,000	150,000	350,000
ROE	−2.0%	30.0%	70.0%
1株当たり利益（EPS）	−2	30	70

BS情報

資産	1,000,000
負債	500,000
自己資本	500,000

その他情報

金利	0
発行済み株式数	5,000

単位：ドル

定すると、表4-4のような2つの計算パターンをつくることができます。なお、税金は考えないものとします。計算では、ROEと一株あたりの利益（EPS）を比較します。

　①の場合には支払金利も発生しないため、当期純利益の額は大きくなっていることがわかります。一方で、②の場合、不況時には支払金利のせいで当期純利益とROEはマイナスになってしまいますが、平時や好況期になると一気にROEが跳ね上がることがわかるでしょう。

　図4-18は、営業利益とEPSの関係を表したものです。好況になるにつれ、②の負債ありのほうが利益額も大きくなっているのがわかります。

図4-18　**EPSが財務レバレッジによって受ける影響**

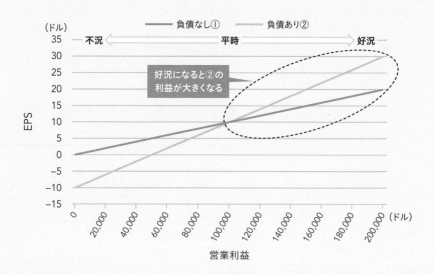

ROEをデュポン分析する際の注意点

　これまでデュポン分析の説明をしてきましたが、注意するべきことは、**デュポン分析は短期的な経営指標には向いていない可能性がある**という点です。理由は以下のとおりです。

理由①　売上高に対する収益性は短期的な目標にならない

　これは、売上高に対する収益性を目標にしない企業が存在するためです。例えば、企業が急成長している市場に属していると、競合に先んじて市場シェアを短期間で獲得しなければなりません。そのためには、初期に膨大な設備投資（生産体制構築）、人件費（人材確保）、広告宣伝費や販売促進費（認知度の向上）が必要になるでしょう。また、初期段階で積極的な投資をして他社に比べて競争優位を持つことができれば、市場が成熟した場合でも、規模の経済やコストリーダーシップを発揮することができるため、長期的に勝ち組になることもできるのです。そのため売上高に対する収益性は短期的な目標として成り立たない場合もあるのです。

理由②　資産を小さくすること、売上高を増やすことは短期的な目標にならない

　過剰設備、不良在庫、無駄な現預金、そして長期間保有する売掛金は経営の足かせになります。ただし問題になるのは、これらが長期的にBSに滞留してしまうケースであり、短期的に考えると絶対的な悪ではないのです。例えば、戦略的に設備投資を拡大させなければいけない場合もあれば、景気が良いと在庫を増やさなければならないこともあるでしょう。もしくは買収資金のために、現金預金を持つことで手元流動性を高めることもあります。顧客との関係強化のために戦略的に売掛金の現金化までの期間をあえて伸ばすこともあるでしょう。このような場

合、短期的に総資産回転率が悪化することは仕方がないことといえるのです。

理由③　自己資本比率を低く抑えることは短期的な目標にはならない

　財務レバレッジの分母と分子を入れ替えると自己資本比率になります。これはすなわち、自己資本比率を抑えると（借入比率を大きくすると）財務レバレッジが高まり、ROEの改善につながることを意味します。その一方で、自己資本比率の向上、もしくは有利子負債やDEレシオの低下を経営目標に掲げる企業はたくさん存在するのです。例えば、以前に経営不振に陥って自己資本が毀損した企業が1つの例です。経営改革をおこなうことで復活した企業は、自己資本を強固にする（自己資本比率を高める）ということが短期的な目標になるわけです。

海外決算書の取得方法

　本書では海外企業の決算書を中心に分析をおこなってきました。決算書の分析をするためには、まず海外決算書そのものを取得しなければなりません。この巻末付録では、その取得方法について解説していきます。

海外決算書の種類

　まず、決算書を取得する前に、海外決算書の種類について解説します。海外企業の場合は日本企業の決算書とは種類や名称が異なるため注意が必要です。主な決算書をまとめると、表4-5のようになります。

　海外決算書を読み解くために必要になる決算書は、上場企業であれば、日本の「有価証券報告書」にあたる Form 10K（10K）、そして日本の「四半期報告書」にあたる Form 10Q（10Q）になります。

表4-5　**主な決算書の種類**

	日本国内	海外（米国）	詳細
企業経営内容開示	有価証券報告書	Form 10-K	年に1回の決算期に提出する報告書
	（半期報告書）		四半期報告書を提出すれば提出義務なし
	四半期報告書	Form 10-Q	1Q、2Q、3Qに提出する報告書
	臨時報告書	Form 8-K	重要事象が起きたときの報告書
	有価証券報告書	Form 20-F	海外企業の有価証券報告書USに上場する海外企業が提出
		Proxy Statement	株主総会召集通知書
	大量保有報告書	Schedule 13D	5%以上保有する株主の報告

『外資系金融の英語』（中央経済社）より作成

10Kは会計期間である1年に一度提出するもので、10Qは四半期ごとに提出する書類です。本書で分析のために使用した決算書は、主に10Kだと考えてください。これに加えて、補助資料として使えるものが、決算説明会資料や外国企業（非米国企業等）が提出するForm 20Fになります。

　ちなみに、細かいことですが"Annual Report"とは決算書のことではありません。というのもForm 10KはSEC（米国証券取引委員会）が提出を義務付けている書類である一方で、Annual Reportは作成義務がないのです。Annual Reportは、企業の決算情報に加えて投資家のためにつくられた経営者のビジョンや戦略など企業の個性などがわかる書類である、と理解してもらえれば良いと思います。

海外決算書(10K／10Q)を取得する方法

　海外決算書の種類を知っていただいたところで、実際の決算書取得方法について説明していきましょう。英語が苦手だと決算書を入手するのも難しいのではないか、と心配される方もいるかもしれませんが、それは心配無用です。意外にも海外決算書は簡単に手に入れられるのです。ここでは主要な決算書と企業業績のみの簡易版と、さらに深く分析をしたい場合の正式版、2種類の決算書を取得する方法を紹介していきます。

簡易版決算書の場合

　簡易版の決算書を取得する際、オススメしたいのは、金融情報サイトのMorningstar（モーニングスター）です。

　Morningstarで決算書を取得するステップは以下の4つです。

ステップ①　検索サイトで「Morningstar」へアクセス（日本語サイトではなく海外サイト）

ステップ②　左コーナーに「企業名」を入力

ステップ③　ここから画面中央にある"Financials"というタブをクリック

ステップ④　過去5年分のBS, PL, CFSの要約が表示されるので、それぞれ開き右端の"Export Data"をクリック

　その他の便利機能として、企業のパフォーマンス（ROEや粗利益率等）を知りたければ、③で"Operating Performance"を選択すると過去5〜10年分の財務指標を閲覧することができます。

　今回は、試しにアップルの決算書を取得してみます。

ステップ②

　サイトの一番左上に検索スペースがあるので、そこに英語で"apple"と打ち込みます（図4-19）。するといくつか候補リストがあると思いますが、一番上のApple Incを選択します。

ステップ③

　選択後に図4-20のような画面に推移します。上のタブから"Finan-

図 4-19　**Morningstar トップページ**

Morningstarウェブサイトより

図 4-20　**Morningstar の検索結果画面**

Morningstarウェブサイトより

"cials"を選択します。

ステップ④

　選択すると、決算書の概要が表示されます。それぞれのタブをクリックすることで詳細を表示することができます（図4-21）。

　最後にエクセルのダウンロードですが、"Export Data"と表示された

図 4-21　**Morningstar の決算書概要画面**

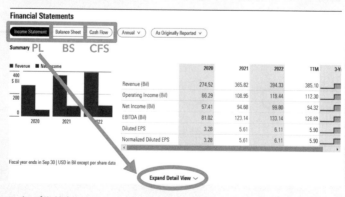

Morningstarウェブサイトより

図 4-22　**Morningstar でエクセルをダウンロード**

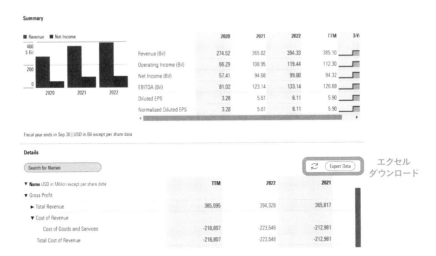

Morningstarウェブサイトより

ボタンがあります。そのボタンをクリックして財務3表それぞれをダウンロードしてください（図4-22）。ただし、ファイルがエクセルの場合とCSVの場合があるので、データの編集をする場合にはエクセルとして保存してください。

正式版決算書の場合

　上記が英語をそれほど読まずに進められる簡易版決算書の取得方法ですが、さらに企業のさまざまな情報、例えば「製品ごとの売上」や「地域ごとの売上」などをさらに深く調べる場合には、企業のウェブページから正式な決算書を取得するべきでしょう。

　この場合は以下のように取得します。まずは検索サイトから**"企業名, IR"**と入力してみましょう。

図4-23　**正式な決算書を手に入れたいときの検索方法**

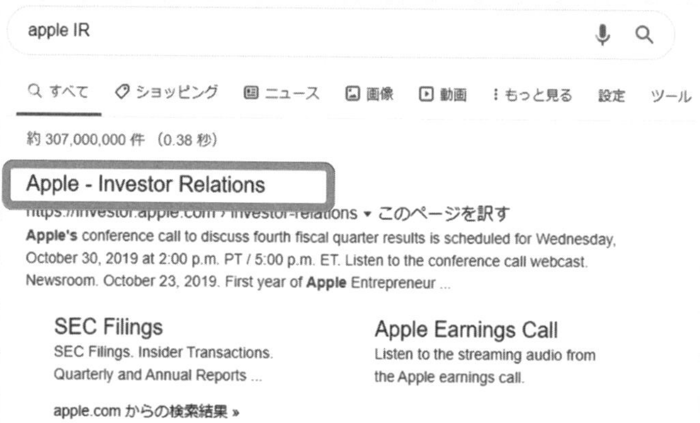

　検索結果としてInvestor Relations（IR）やAnnual Reportが表示されます（図4-23）。IRとは、企業が決算書（SEC filingもしくはAnnual Reports）を投資家たちへ情報発信をする活動を指しています。ウェブページによる決算書資料の掲載もそのひとつです。積極的なIR活動をおこなっている企業は、決算説明会の音声や動画なども公開しているので、文章を読むのが苦手な人や読むのに飽きてしまった人の英語の勉強にも役に立つでしょう。

　次に、企業のウェブサイトへ行くと、各年度のSEC filingもしくはAnnual Reportsが公開されているはずです。アップルのウェブサイトにアクセスし、下にスクロールをしていくとデータリストが出てきます（図4-24）。このデータをダウンロードすれば、正式な決算書を取得することができます。

図 4-24　アップルの決算書のダウンロード画面

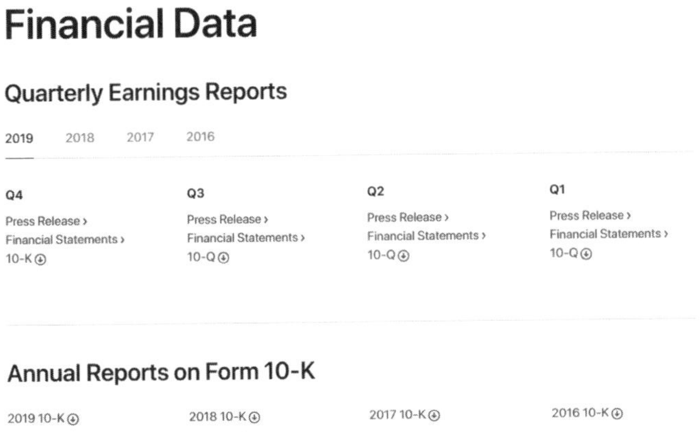

Financial Data

Quarterly Earnings Reports

2019　2018　2017　2016

Q4
Press Release ›
Financial Statements ›
10-K ⊕

Q3
Press Release ›
Financial Statements ›
10-Q ⊕

Q2
Press Release ›
Financial Statements ›
10-Q ⊕

Q1
Press Release ›
Financial Statements ›
10-Q ⊕

Annual Reports on Form 10-K

2019 10-K ⊕　　2018 10-K ⊕　　2017 10-K ⊕　　2016 10-K ⊕

Morningstarウェブサイトより

　本書を最後まで読んでくださりありがとうございました。

　執筆を始めた昨年末に、ChatGPTをはじめとするAI技術が登場し、社会やビジネスの根幹を揺るがす事態となっています。"もしかしたら、人間の仕事・業務がなくなってしまうのでは？"と自分の将来を憂える人もたくさんいるでしょう。不確実性の高い社会が、すぐそこまで迫ってきていることに人々は気づきはじめています。しかし、本当に人間の仕事はなくなってしまうのでしょうか？

　確かにAIの能力は人間の能力を超えていきました。瞬く間に完璧な仕事をしてしまうAIに対し、残念ながら人間に勝ち目はありません。ただし、勝ち目がないのはAIと同じフィールドで人間が戦った場合の話です。

　AIの登場で人間の仕事が再定義された今、むしろ我々は「どうAIと分業していくか？」「どういう仕事に関与するべきなのか？」を考えるべきと私は思っています。そして、効率的にAIをいかしていくことが、今後持つべきマインドセットなのではないでしょうか。AIと共存・共栄して、人間の能力を別のフィールドで向上させるのです。

　では、本書のメイントピックである決算書についてはどうでしょうか。以前までは人間が勘定項目を暗記・勉強し、それを正確に記帳し、管理していました。このほとんどがAIの業務になることでしょう。

　では、今後人間に求められる能力とは、何でしょうか。それが本書を通し皆さんに習得してほしい能力でもある、決算書を「読み解き」、決

算書から「企業の歴史を想像し」、決算書から「今後の対策を考えることができる」能力です。社会は人間の集合体でもありますが、企業の行動で作られるものでもあります。彼らの行動を決算書というフィルターを通して読み解くことができれば、社会の流れもつかむことができるのです。

　これらの能力を得ることができれば、不確実性の高い世の中でも、生き残ることができるはずです。

　最近では、ビジネスに日本や海外という境界線がなくなってきました。その理由から、日本だけではなく、グローバルで企業を分析するニーズが非常に高くなってきています。グローバルな決算書に慣れ親しんでもらうため、本書では多くの海外企業を事例に入れることにしました。"海外の企業だから……"と敬遠してきた海外決算書が少しでも身近なモノに感じてもらえたら嬉しいです。

　最後になりますが、大学院の論文執筆に多忙な日々を送りながらも本書執筆を応援し、助言をくれて支えてくれた妻巴那と長男凛空、そして天国の父と母に、感謝の気持ちを込めて本書の締めの言葉とさせていただきます。

【著者紹介】
齋藤浩史（さいとう　ひろし）
ニューヨーク市立大学卒業。英国国立バーミンガム大学MBA修了。株式会社グローバルアップライズコンサルティング代表取締役。マサチューセッツ州立大学MBA人気NO.1講師。
日本の高校卒業後、俳優を志し単身渡米する。俳優としては鳴かず飛ばずの日々を送るも、未経験ながらアルバイトとしてニューヨークのヘッジファンドに入社。米国企業と日本の大手銀行をつなぐ業務を行う。
大学卒業後、ゴールドマン・サックス証券で株式トレーダーと営業に従事。その後、外資/日系投資銀行に移籍し、海外企業のプロジェクトファイナンスのアレンジ、アジアと中東をはじめとする世界各国の中央銀行や財務省、国営企業の資金調達業務に約10年携わったのち独立。
現在は、グローバルビジネス教育やビジネス英語を中心とした教育コンサルティング業務に従事する傍ら、マサチューセッツ州立大学MBAの教壇に立ち、未来のエグゼクティブを育成している。
大学時代のクラスメートが、本名の"HIROSHI"が発音しにくいからと、代わりにJapanese Boyの頭文字を取った"JB"と名付けた。以来、海外業務や講義はJBの呼称で活動をおこなう。

タイパ　コスパがいっきに高まる決算書の読み方
外資系金融の「分析力」と「瞬発力」が身につく19の方法
2023年9月29日発行

著　　者──齋藤浩史
発行者──田北浩章
発行所──東洋経済新報社
　　　　　〒103-8345　東京都中央区日本橋本石町1-2-1
　　　　　電話＝東洋経済コールセンター　03(6386)1040
　　　　　https://toyokeizai.net/

ブックデザイン……山之口正和＋齋藤友貴(OKIKATA)
ＤＴＰ…………アイランドコレクション
印　　刷…………港北メディアサービス
製　　本…………積信堂
編集担当………近藤彩斗
©2023 Saito Hiroshi　　　Printed in Japan　　　ISBN 978-4-492-60234-8